中小學生必讀的
溫暖故事

美ㄇㄟˇ好ㄏㄠˇ的ㄉㄜ˙閱ㄩㄝˋ讀ㄉㄨˊ經ㄐㄧㄥ驗ㄧㄢˋ
溫ㄨㄣ暖ㄋㄨㄢˇ的ㄉㄜ˙生ㄕㄥ活ㄏㄨㄛˊ情ㄑㄧㄥˊ誼ㄧˋ

教育部國語文輔導團召集人 孫劍秋
台北教育大學語文與創作學系教授 林文韵
強力推薦！

編著◎吳淑芳、吳惠花、忻詩婷　漫畫◎古氏

推薦序一：從閱讀遇見溫暖的生命

「貧者因書而富，富者因書而貴。」閱讀文本，不僅學習文字本身的排列組合與音韻之美，同時欣賞文本中人物刻劃及劇情起伏的鋪陳展現，最終目的更是希望透過文字與生命的互相建構過程，促成個人心智的成長與生命的成熟。

所謂「腹有詩書氣自華」，書能使我們的心靈昇華，找到生命盎然的泉源。因此，文學的閱讀猶如生命的展演，文本中的喜怒哀樂、恩怨情仇、意識型態、價值判斷，無一不深深牽動我們的生命。

近年來由於影音媒體氾濫，從而瓜分學童大量的閱讀時間，不僅影響學童閱讀能力之發展，甚且導致學童在聽、說、讀、寫表現能力下降。所以，《中小學生必讀的溫暖故事》即希望藉由文學的閱讀，提升孩子的語文能力，並希望讓孩子在開懷閱讀之餘，享受故事中獨特的智慧與幽默；在面對人生中許多尷尬的處境，學習幽默以對，有能力選擇釋懷與放下。除此之外，也準備了一些問題，透過問題進入深層的思考，幫助小讀者咀嚼故事的道理，掌握文章的主旨。每篇故事另有寫作教學設計，讓學童延伸寫作練習，提升學童的語文程度。

《中小學生必讀的溫暖故事》是一本有吸引力的讀物，具有以簡馭繁的效果，且適用性廣、趣味性高。希望老師和家長們共同協助我們的孩子走入閱讀王國，享受閱讀樂趣，培養閱讀的習慣，也引導學生從親情、友情、勵志人物的故事中，感受家人的溫暖，體悟友誼的真正價值，並從典範人物中得到鼓舞和感動，進而激勵自己成長。

教育部國語文輔導團召集人

孫劍秋

推薦序二：思考、閱讀與寫作

在百忙之中匆匆瀏覽此書，本以為即可掌握全書概要，但是開始閱讀後，卻被一則一則的故事吸引。我想讀者在閱讀這本書時，也應該可以從溫暖的故事中觸動心中的愛，進而引發閱讀的樂趣。

目前有關情殺、謀財害命、親子不和的社會問題層出不窮，透過閱讀好書能認識自我、探索人與人之間友情、親情議題，並以家喻戶曉的媒體報導人物成為勵志典範，幫助學生透過閱讀，探索與認識生命的意義、尊重與珍惜人我關係，找到人生的目標，讓溫暖之愛化解一切仇恨，滋養豐盈的生命力。

《中小學生必讀的溫暖故事》一書精選了聖經故事、成語故事、童話及民間傳說故事。在古今人物的故事中闡述人間友情、親情之愛，也藉由時下耳熟能詳的平凡人物林書豪、古又文、吳寶春、陳樹菊等人的的努力奮鬥過程，激勵人心向上、向善、完成夢想，內容多元且撼動人心。

我看到作者對閱讀的期待、對學生的用心，和對教學的關心。作者了掌握故事的趣味性，運用故事的變化性引發孩子閱讀的興趣，也期望藉故事情節的發展與豐富的內容，引導孩子看見事件的背後及靈活解決問題，進而學習較細膩的思維。

這本書中，作者做了不同層次的閱讀提問，期望帶著學生進行文本理解，通過文字理解內容、掌握主旨、體會思想感情，幫助孩子深入思考。此外，作者也針對文本設計了寫作練習，從閱讀的素材中分析寫作特點、文本結構，提供讀者描寫人物、說明事理、運用感官描寫等方法，幫助學童學習讀寫。最後的四格漫畫，試圖以圖像輔助文字，協助讀者以較輕鬆的方式了解文本。書中多處展現創意，應能啓發孩子的多元思考。

這是一本不只是為中小學生而寫的書，更希望親子或師生共讀，透過腦力激盪、理解、澄清、分析、批判文本等方式，讓成為一位有思考的閱讀者。

用「心」閱讀，用「智」思考，用「圖」解文，是這本書的特色。衷心期盼藉由這本書，能開啓孩子更寬廣的閱讀視野，也同時培養寫作能力。

台北教育大學語文與創作學系教授
林文韵

作者序：溫暖情誼，和諧人生

每天打開報章媒體，常看到因為交友、親子間不良互動，而引發層出不窮的社會議題；當然，也有報導一些原是沒沒無聞的市井小民，因不怕出身低，持續奮鬥，展現自助、助人的生命韌度，使自己發光發熱的新聞。因此，本書以「溫暖」為主題，內容包括：「親情、友情和勵志人物」的相關選文，幫助學子認識自我，探索人與人之間親情、友情議題，並以家喻戶曉的媒體報導人物作為勵志典範。學生可以透過閱讀、探索與認識生命的意義，尊重與珍惜人我關係，找到人生的目標。世間溫情要去創造和發現，唯有熱愛並發展個人獨特的生命，才能體現出溫暖、和諧的人際關係。

兒童天生就喜歡聽故事，故事對兒童而言，有著無限的吸引力。正因故事的吸引力、趣味性，又富含哲理，所以，我們精選一些故事，有的是成語故事，有的是聖經故事，還有一些民間傳說與童話故事。故事饒富趣味與道理，希望喚起大小讀者能珍惜友情、重視親情並找到學習的典範，透過閱讀可站在巨人肩膀上，看得更高更遠。〈荀巨伯訪友〉看出「患難見真情」；〈紅髮安妮〉體現「人因夢想而偉大」；〈大衛和約拿單的友情〉看出「肝膽相照，斯為腹心之友」，了解人在世上，「多一個朋友多一條路，少一個朋友添一堵牆」；〈兩隻大熊〉則體會為人父母的苦心，了解

「為父則剛，為母則強。」的真義，思考一家人應如何相互依存。《聖經》上很有名的〈浪子回頭〉的故事，看見父母無私的愛，隨時都在等待迷途知返的兒女；只要能懂得及時悔悟與回頭，家是永遠的避風港。而時下耳熟能詳的人物：林來瘋林書豪、麵包達人吳寶春、賣菜阿嬤陳樹菊、國際知名設計師古又文的故事，也都收錄在本書。

另外，為激發孩子閱讀的樂趣，本書還設計了和故事配合的漫畫，以增進圖像型兒童理解故事的內容；也準備了思考問題，幫助小朋友明白故事的道理。「錦囊妙計」是較簡單的問題，可從文中找到答案或推論得知；「隆中對策」是比較進階的問題，請老師或父母和孩子討論；「妙筆生花」是寫作練習，希望孩子除了閱讀，也能有基礎的寫作練習。

本書的創作目的在於提供孩子一個美好愉悅的閱讀經驗，燃起孩子閱讀的熱情，培養閱讀的習慣，希望孩子不要對閱讀卻步，不要對學習灰心，涵養出足夠的能力，在國際競爭中，贏得自己的一席之地。更盼望在快樂閱讀之餘，也能引導學生了解並體認生命中的人我——友情、親情關係，活出溫暖和諧的生命色彩。

吳淑芳、吳惠花、忻詩婷

目錄

Contents

打虎親兄弟

想一想

《詩經》說：「兄弟鬩（音ㄒㄧˋ，指互相爭訟。）于牆，外禦其務。」是指內部雖不和睦，一旦遇有外侮，卻能共同抵禦。你有兄弟姊妹嗎？你們平常如何相處？是否會比較誰得到最多的關愛？當你碰到敵人或面對親人遭遇生命危險時，你會怎麼做？

請聽我說

本故事改編自閩南相傳的民間故事〈打虎親兄弟〉。小村莊時常遭到老虎的攻擊，使得村民人心惶惶。村裡有兩兄弟見義勇為，決定替村民們除害。他們默契十足，成功驅虎保衛村莊，但弟弟的妻子卻認為丈夫比較賣命，所以故意挑撥兄弟之間的親情。然而，當弟弟面臨危機時，真正能幫助他的不是妻子，而是自己的親兄弟。

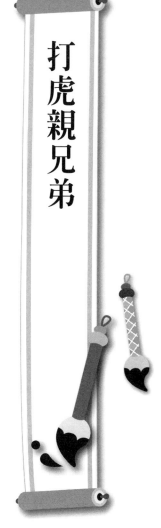

選文

閩南山區的半山腰，有一座小村莊，村莊被茂密的樹林環繞，樹林裡常有野獸出沒。村裡有戶人家，父母早逝，兄弟三人相依為命，他們白天結伴上山砍柴，晚上則遵照父母遺訓，一起練武防身，數十年如一日，練就一身好功夫。由於謀生不易，大哥跟鄉親們一起離鄉，前往南洋打工。幾年後，留在老家的二哥和三弟也都先後成家，各自打拚過活。

有一段時間，村莊時常有老虎出沒，村民個個人心惶惶。兄弟倆見此情況，便商量上山打虎，為民除害。他們找來鐵匠打造一雙鋼叉和一對鐵短棍，準備就緒後，就帶著新武器，上山埋伏。

時近黃昏，一陣冷風吹來，一隻老虎冷不防的從密林中闖出來。三弟年輕氣盛，拿著鋼叉衝向老虎，將鋼叉在老虎面前搖晃幾下，惹得老虎生氣發怒。「吼！」的一聲，老虎猛然躍起，居高臨下撲了過來。三弟看機不可失，便把鋼叉對準老虎的脖子，老虎被鋼叉叉在半空中，前腿亂踢。這時，二哥急忙用鐵棍打斷老虎的兩條前腿，老虎斷了前腿，動彈不得，於是兄弟倆趁機往老虎身上亂刺。一會兒，老虎便斷了氣，兄弟兩人扛著已死的老虎，開心的回到村莊裡。從此以後，兄弟倆就靠打虎營生。

一天晚上，三弟向妻子講起兄弟兩人配合無間的殺虎過程。妻子聽後，不以為然的說：「每次都是你先冒著生命危險對抗老虎，相較之下，二哥顯然省力多了。你們這樣平分得利，實在太不合理了！」丈夫禁不起妻子的慫恿，也認為是自己吃了虧，於是決定以後上山打虎，改成夫妻兩人同去，不再邀二哥同行了。

隔天，二哥有事出門，三弟夫妻倆便獨自上山埋伏老虎。沒多久，一隻老虎突然從樹林深處竄出來。一見老虎來了，三弟立刻熟練的拿起鋼叉與老虎周旋，三兩下就把老虎叉起來。然而，妻子見到老虎，嚇得兩腿發軟，差點昏過去。三弟心裡明白：如果沒把老虎前腿打斷，接下來便難逃虎口，於是心裡發慌，大聲呼喊救命。正當危急之際，只見他的大哥拿著大斧頭，二哥拿著鐵棍雙雙趕來救援。

原來，大哥因為思鄉心切，便相邀幾位鄉親返回故里，才剛跨進家門，老二也跟著進來了。兄弟倆開心相見，卻找不到三弟夫婦團聚，一問之下，才知道三弟夫婦上山打老虎去了。兄弟倆心想大事不妙，大哥急忙抄起當年砍柴的大斧頭，二哥也匆忙拿起打老虎的鐵棍，心急如焚的抄小路趕上山。千鈞一髮之際，兄弟二人分別揮動斧頭和鐵棍，解救了命在旦夕的三弟。

經過此次教訓，三弟的妻子再也不敢搬弄是非，兄弟、妯娌間的關係也更加緊密了。

錦·囊·妙·計

一、請問二哥和三弟兩人如何合作打老虎？

二、三弟的妻子為何要搬弄是非？她是怎樣盤算的？

三、當三弟陷入危險時，大哥與二哥是如何合作，從危急中救回三弟的？

隆中對策

一、你覺得本故事和「兄弟鬩牆，外禦其務」的意思有何異同？

二、如果你是二哥夫婦，碰到像三弟妻子這樣的妯娌，你會如何回應？

三、如果有人不明就裡的向你的家人挑釁，你會和兄弟姊妹聯手對抗嗎？

妙筆生花

●語文練功坊：成語練習

「虎口餘生」是比喻經歷大難而未死，相似的成語有「九死一生」、「劫後餘生」。這三個成語看起來相似，卻有不同的用法，「九死一生」比喻極危險的境遇，「劫後餘生」是指歷經災難後存留下來的人。

範例：

1.那段「虎口餘生」的經歷，想起來真是令人毛骨悚然！

2.九二一大地震後，他是村裡唯一「劫後餘生」的人。

3.經過「九死一生」的探險經歷後，他再也不願意隻身去冒險了。

◎牛刀小試

將下列成語「搬弄是非、年輕氣盛、膽戰心驚、虎口餘生」正確填入（　）內。

①他（　　　　　　　　　　　　）、做事衝動，在友人的慫恿及（　　　　　　　　　　　　）之下，便夥同好友到網咖找人報復。

②想起九二一大地震，很多人都（　　　　　　　　），特別是（　　　　　　　　　　　　）的孩子們。

英雄！
卡偉大了！
英雄！
卡偉大了！
打虎英雄！
英雄！
英雄！
你的功勞比較大，卻要和二哥平分得利，太不公平了。
嗯⋯⋯
說得有理。
吼～～～～
我命休矣！
三弟小心。
我們錯了。

漫畫

浪子回頭

想一想

「浪子回頭金不換」是表示一個人在做錯事後，能懂得及時回頭，及時悔過，這是任何金錢也無法相比的。而父母無私的愛，隨時都在等待迷途知返的兒女。你覺得父母對你和其他兄弟姊妹公平嗎？你從什麼事情上發現的？

請聽我說

《聖經》包含《新約》和《舊約》，是世界最暢銷且被翻譯為最多國語言的一本書。《舊約》有三十九卷，《新約》有二十七卷。本文選自《新約聖經》的《路加福音》，作者路加出身於土耳其安提阿，是一位醫生，同時也是個旅行家，渴望能使更多人認識耶穌基督，所以透過寫作的方式，讓還不認識耶穌基督的人了解。本故事〈浪子回頭〉是非常經典的聖經故事。

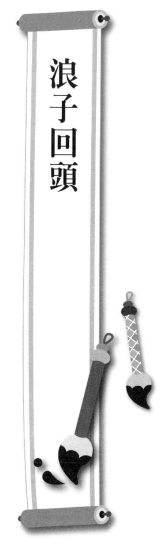

選文

從前，有一位有錢的地主，擁有廣大的田地，有大批的工人為他工作，年年收成很好。地主有兩個兒子，老大任勞任怨，天天在田裡協助地主工作，但小兒子卻整天遊手好閒，無所事事。一天，小兒子對爸爸說：「爸爸，請把我應得的財產分給我，我想出外闖出一番事業！」父親雖想留住他，但小兒子心意已決，熬不過他的要求，只好把產業分給他。不久，小兒子就把屬於他的一切財產收拾好，離開家了。

小兒子仗著家財萬貫，從此在他鄉過著像王子般的放蕩生活。他呼朋引伴、花天酒地、賭博、買名貴的衣服、珠寶，花錢像潑水一樣，很快便耗盡了所有的財產；剛好那地方遭遇嚴重的大饑荒，酒肉朋友全都離他遠去。他困苦潦倒又身患重病，於是把身上僅有的家當都變賣還債，沿門乞討過生活。

有一天，他走到一個農場去要飯，農場主人要求他必須先工作，才能給他飯吃，於是打發他到農場去養豬。他餓得眼冒金星，於是拿起豬吃的豆莢來充飢。在絕望中，他忽然想起在故鄉那段豐衣足食、無憂無慮的日子，於是自言自語說：「我父親有許多的工人，他們都吃好、穿好，而我是他的兒子，卻流落異鄉，身無分文，眼看就要餓死。如果我能勇敢的回家，請求父親原諒我之前要求分家產的莽撞無知，和揮霍無度，我相信只要有機會當他的工人，就一定能餬口活命，不至於餓死！」

於是，他省悟過來，決定鼓起勇氣回家。他以近鄉情怯的心情走進父親的家門，他的父親遠遠望見他，便喜出望外的跑向他，顧不得他衣衫襤褸與髒汙惡臭，緊緊擁抱他、親吻他說：「兒子啊，回來就好！」而無地自容的小兒子跪在父親腳前說：

「父親，我得罪了天，又得罪了您，我不配做您的兒子。我今天回來只希望能被您僱用，糊口飯吃。」父親溫柔慈祥的把他拉起來，並吩咐僕人拿出最好的衣服替他沐浴更衣，同時交代廚房：「宰殺最肥壯的牛羊，今晚我要設宴慶祝，我因失而復得的兒子而歡喜快樂！今天所有的工人都放下工作，和我們一起慶祝吧！」

傍晚時分，拖著疲憊身子的大兒子從田裡工作回來，遠遠就聽到鑼鼓喧天的音樂和歌舞聲。大兒子問僕人：「發生什麼事了？」僕人回答說：「你弟弟回家了，主人正設宴慶祝呢！」大兒子聽了很不高興，拒絕進屋去。父親趕緊出來看看，大兒子埋怨說：「父親，您怎麼可以這樣對我，這些年來我早出晚歸，辛勤為您工作，陪伴在您身旁，從沒有向您索討任何東西，而您對弟弟卻如此好，他離家、要求分家產、揮霍無度，如今潦倒回家，您還殺牛宰羊慶祝他回家，太不公平了！」

父親說：「你常伴我身旁，我所有的都是你的，但是這個弟弟是失而復得，我們當然應該慶賀他迷途知返。只要懂得及時悔悟，都有機會重新開始，不管他做了什麼，他永遠都是我的兒子。」

錦·囊·妙·計

一、小兒子如何說服父親平分家產？後果又是如何？

二、當大兒子知道弟弟回來後，為何會感到生氣？

三、父親慶賀小兒子歸來的理由是什麼？

隆中對策

一、你覺得文中的父親比較疼誰？為什麼？

二、如果你是文中的父親，面對揮霍家產的兒子你會怎麼做？為什麼？

三、你認為本文的主旨是什麼？

妙筆生花

●作文教室：順敘法

本文是依事件發生順序鋪陳而成的故事，採順敘法。

故事結構有開頭、經過、轉折、結局。

開頭——小兒子要求分家產。

經過——①揮霍無度，花光所有錢財。

②碰到饑荒沒有食物吃，又生病，窮苦潦倒。

轉折——小兒子決定回家請求父親原諒，只希望被僱用當長工，有飯吃。

結局——父親不僅原諒他，還歡喜慶賀小兒子失而復得。

◎牛刀小試

請試著為本篇故事改寫成另一種結局。

....

....

....

....

....

漫畫

爸爸，請把我應得的財產分給我。
難過！
喝！
乾啦！
真開心！
哈哈哈～！
不知道父親願不願意原諒我。
呼～～
呼～～
我錯了，我以後一定會好好工作。
回來就好回來就好。

兩隻大熊

想一想

俗語說：「為父則剛，為母則強。」為人父母者，寧可犧牲自己性命，也會盡全力保護子女。你能想像在無人居住的地方，一家人如何相互依存，彼此照料嗎？

請聽我說

本故事改寫自美國作家羅蘭・英格斯・懷德的《大森林裡的小木屋》。《大森林裡的小木屋》是「小木屋系列」的第一部，在這本書裡，羅蘭以小女孩天真無邪的眼光，觀察生活中的點點滴滴，包括威斯康辛大森林裡的梅花鹿、大懶熊、冬天的白雪、春天樹上的綠芽，還有小木屋裡溫暖的火光、媽媽做的可口點心、爸爸的悠揚琴聲，這些都是羅蘭最甜蜜的童年回憶。

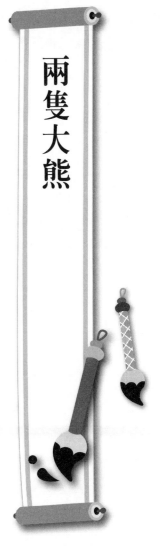

羅蘭在一八六七年出生於美國中部的威斯康辛州，是家中老二。六十五歲時受到女兒羅絲的鼓勵，陸續將過去的拓荒生活寫成小說。十年間，羅蘭共寫了九本「小木屋系列」小說，分別是《大森林裡的小木屋》、《草原上的小木屋》、《農莊男孩》、《在梅溪邊》、《在銀湖岸》、《好長的冬天》、《草原小鎮》、《快樂的金色年代》和《新婚四年》。這九本書已經成為世界兒童文學的經典名著，世界各國的孩子從閱讀此系列小說中，獲得愛的滋潤和面對未來的勇氣。

選文

在遼闊的威斯康辛大森林裡，有一幢小木屋。五歲的羅蘭和爸爸、媽媽、姊姊瑪莉、小寶寶琳琳就住在這幢小木屋裡。他們四周沒有鄰居，只有一重又一重的樹木，而可怕的野狼和黑熊常會在這兒出沒。

有一天，大森林的白雪開始融化，融化的雪水從樹枝上滴下來，把一團團好似棉花的雪堆滴出許多個小洞。「喔！春天到了。」爸爸說。一到春天，離小木屋很遠很遠的城市會舉辦市集，爸爸會到城市裡，用獸皮和商店老闆交換城裡的好東西。

隔天清早，爸爸就把冬天捉到的野獸皮毛，綁成一捆一捆，扛在肩上，走到城裡去。因為獸皮實在太多了，爸爸沒辦法帶槍，媽媽很擔心他的安危，但是爸爸說：「如果現在趕快出門，天黑以前就可以趕回家了！我快去快回，路上會小心的。」

住在大森林裡的羅蘭和姊姊瑪莉從來不知道城市是什麼樣子，她們非常期待爸爸帶回來的禮物，引頸期盼爸爸的歸來。然而，直到太陽下山，整個森林籠罩在夜幕時，依然不見爸爸的蹤影。此時，媽媽早已煮好晚飯，等爸爸一回家，全家人就可以一塊兒用晚餐了。

媽媽說：「羅蘭，妳幫我提燈，趁等待的空檔，陪我去擠牛奶。」媽媽把燈籠內的蠟燭點燃，燭火透出亮光，照亮通往牛舍的小路。羅蘭看到黃牛嘟嘟的身影站在院子柵欄門邊，覺得很驚訝，媽媽也驚訝極了。燈籠透出的微弱燈火在柵欄間閃爍，羅蘭仔細一看，只見毛茸茸的黑色長毛和兩顆會發亮的眼睛。羅蘭正滿臉狐疑的心想：黃褐色細短毛、大眼睛的嘟嘟怎麼不一樣時，媽媽立刻把她和燈籠一起拎起來，拔腿就跑。媽媽抱著羅蘭跑進屋裡，碰的一聲把門關上。羅蘭嚇得哭出來，問道：「那是熊嗎？」媽媽點點頭，並安慰她：「別擔心，現在我們安全了。」

少了爸爸，家裡冷冷清清的。吃完晚餐，媽媽帶著姊妹禱告，然後要她們先上床睡覺。外面森林傳來陣陣風聲，聽起來挺嚇人的。媽媽在一旁縫著爸爸的襯衫，並做了一件從來沒做過的事，她走到門前，把門閂的皮帶穿進門栓孔裡，這樣一來，任何人都不能從外面把門打開。

「女兒們，沒事的，睡吧！爸爸明天早上就回來了。」羅蘭和姊姊在被窩裡等著等著，昏昏沉沉進入夢鄉。

早上一睜開眼，爸爸果然回家了，不僅帶回各式各樣的糖果，還有可以給女孩們做衣服的印花布，全家人都好開心。爸爸的獸皮賣了好價錢，每個人都有禮物。牛舍的四周布滿熊的大腳印，但是牛舍裡的嘟嘟和馬匹都沒有受傷。她們整天圍著爸爸開心的聊天，用過晚餐後，爸爸把羅蘭和瑪莉抱在腿上，說了一個新故事。

「昨天，我背著獸皮走向城裡，但獸皮實在太重，我走了好久才進城。那時，早已很多人排隊和商店老闆做買賣，輪到我時，又花了一段時間和他討價還價；之後，我為你們每個人挑選適合的禮物，等我準備回家時，太陽已經下山了。我盡量加快速度，但是天色暗得實在太快了。

「我想到昨天早上出門時，才在雪地裡看到好多大熊的腳印。冬眠許久的熊在春天醒來，又飢餓又暴躁，碰到牠們的後果可想而知，於是我屏氣凝神，留意四周環境，真希望當時自己帶把槍！

「不久，我走到一塊空地，竟看到一頭大黑熊。牠以兩隻後腳站立，用炯炯有神的眼睛瞪著我，在星光下，我甚至看到了牠的嘴巴、鼻子，甚至還有爪子。我心跳加快、四肢無力，但仍然強作鎮定，於是我鼓起勇氣，用力大叫一聲，並揮動手臂向牠衝過去，心想或許可以虛張聲勢嚇走牠，可是熊動也不動。最後，我隨手撿起一根結實的木棒，丟向牠的腦袋，碰！一聲正中！但奇怪的是，牠仍然沒有任何反應。我走近一看，發現那根本不是一頭熊，而是一根巨大的燒焦樹樁。可能是太害怕碰上熊，加上身上沒帶槍，才會誤認。」

羅蘭說：「雖然那只是一根樹樁，但如果是一頭真熊，你也會用棒子打牠嗎？」

「是的！我一定會這麼做，為了你們我一定得這麼做。」

羅蘭聽爸爸說完，把爸爸抱得好緊好緊。

錦·囊·妙·計

一、媽媽在牛舍裡看見熊的反應是什麼？

二、當森林中的小木屋少了爸爸時，羅蘭的媽媽如何保護家人？

三、爸爸去城市市集，為什麼當晚沒有回家？

隆中對策

一、請比較爸爸和媽媽在面對大熊時，是如何應對的？為什麼會有不同的反應？

二、如果你是羅蘭的媽媽，在遇到相同的情況下，你會如何保護家人？

三、羅蘭聽完爸爸的驚險故事，為什麼要緊緊抱住爸爸？

●修辭小學堂：排比法

把三個以上結構相同、語氣一致的詞語、句子或是段落，排列在一起，藉以增加文章力量，讓句子充滿變化的美感，令讀者印象深刻，這就是「排比法」。

範例：

1.我心跳加快、頭皮發麻、四肢無力，但仍然強作鎮定，停下腳步站定。

2.大自然中流動的溪泉、喧鬧的瀑布、跳躍的溪鳥，在在讓我感受到溪谷間隱藏著迷人的生命力。

◎牛刀小試

1.試著以排比句描述春天生氣盎然的盛況。

2.試著以排比句描述一次緊張的經驗。

漫畫

媳婦路得與婆婆拿俄米

想一想

「己所不欲，勿施於人。」當你能設身處地的替他人著想時，不僅不會將自身經歷的痛苦加諸於他人，甚至能進一步體貼他人，幫助他人脫離不幸。現今社會常聽到婆媳之爭的新聞，看完故事後，請比較兩者的不同之處。

請聽我說

本故事選自《路得記》。《路得記》是《舊約聖經》中一卷關於愛的故事，全書分為四章，故事結構極為嚴謹，幾乎每一句話都值得深思。故事說到年輕寡婦路得，有理由、有機會拋棄她的婆婆拿俄米另找出路，可是她對婆婆始終又忠心又敬愛，不捨得分離，最後蒙她所信仰上帝的祝福，嫁得好歸宿。

選文

很久以前，一位名叫拿俄米的婦人和她的丈夫以利米勒安居在伯利恆，後來他們一家遷移到摩押的高地躲避饑荒。許多年後，拿俄米的丈夫和兩個兒子相繼過世，只剩下兩個兒媳婦——俄珥巴、路得和她相依為命。

年老的拿俄米決定回到故鄉伯利恆終老，於是她與兒媳婦們道別，並說：「我老了，如今想要落葉歸根，而你們都還年輕，不應該跟著我這老太婆，你們就留在摩押，自己找人嫁了吧！」俄珥巴暗暗高興婆婆這麼明理，便決定留下來；但是路得不願離開拿俄米，路得說：「你去哪裡，我就去哪裡；你在哪裡住宿，我也在哪裡住宿；你的家就是我的家，你的上帝就是我的神。你在哪裡死，我也在哪裡死。除非我先死，才能使你與我分離。」婆婆看出路得的決心，便帶著她一起回到伯利恆。

婆媳兩人是在麥穗收成的季節回到了故鄉。拿俄米的表親波阿斯擁有一塊田地，正招募工人收割麥子。按照當地的律法和習俗，窮人可以在收割時，撿拾掉落在地上的麥子。波阿斯巡視麥田，察看收成的進度，當他第一眼看到路得時，注意到她賢慧端莊的外表下，不僅手腳俐落，而且不多話、做事勤快，於是上前詢問：「請問姑娘打哪兒來？」路得一五一十的說出整個回鄉經過。他聽完後，覺得很感動，便對她說：「來吧，跟我們一起吃飯、生活；我已經交代我的工人，你就放心在我的田裡拾取麥穗，拿回去孝敬婆婆吧！」

日子一天天過去，波阿斯看著路得，覺得麥子收割期結束得太快了。而路得也把碰到波阿斯，波阿斯如何照顧她的實情，告訴了婆婆。婆婆是個很替兒媳婦著想的人，便交代她在適當的時機，躺在波阿斯身旁一起睡覺。當時的習俗裡，表親是可以結婚的，特別是可以為路得死去的丈夫留下後代。

當麥場的收成結束後，全鄉的人都在廣場載歌載舞慶豐收。當天晚上，波阿斯和其他朋友們在廣場上狂歡過後，就直接躺在穀倉的麥堆旁邊睡著了。半夜時分，波阿斯醒來嚇了一跳，他發現旁邊怎麼躺著一個人？一看，原來正是路得。路得小聲對他說：「請你用衣服遮蓋我。你是我婆婆的親屬，是她要我這樣做的。」

已邁入中年的波阿斯明白拿俄米的用心，也費了許多心力進行溝通，最後終於獲得全家族的祝福，高高興興的娶得美麗賢慧的路得回家，路得後來也替他生了個兒子名叫俄備得，過著幸福的日子。

錦·囊·妙·計

一、拿俄米為什麼要兩個兒媳婦改嫁？

二、媳婦俄珥巴和路得聽到婆婆要她們改嫁時，反應各是什麼？

三、波阿斯聽完路得撿拾麥穗的原因後，為什麼受到感動？

隆中對策

一、看完故事後，你認為路得有什麼值得我們學習的好品德？

二、如果你是拿俄米的媳婦，聽到婆婆要你改嫁時，會做何反應？

三、為什麼拿俄米要路得躺在波阿斯的身旁睡覺？如果你是路得，你會照做嗎？

●作文教室：文章開頭

我們常利用感嘆句與設問句作為文章開頭，使得文章生動活潑。

範例：

1.點心有各式各樣不同的種類，在我心中，冰淇淋可是排名第一的甜點呢！到底冰淇淋有什麼魔力，讓我這麼喜愛它呢？

2.自古以來，婆媳相處問題多，家家有本難念的經，在我所知道的聖經故事中，路得可是無人不知的孝順媳婦喔！路得是誰呢？為什麼《聖經》的書卷還以她的名字命名呢？

◎牛刀小試

請自訂一作文主題，運用感嘆句與設問句寫下第一段開頭吧！

漫畫

我想要落葉歸根，你們就各自去尋找幸福吧！
謝謝您多年來的照顧，有空再聯絡。
傷心！
你到哪裡，我就去哪裡。
感動！
早知道我就不離開了。

俞伯牙破琴

想一想

俗語說：「千金易得，知音難尋。」古代詩人長嘆：「人生知己有幾人？」真心交往的朋友是無盡的財富，比起金銀珠寶更珍貴，所以應當珍惜不易尋得的知己。你有幾個知心好友呢？請回想你是如何知道他就是你的知己？你們又是如何成為知己的？

請聽我說

本故事出自《呂氏春秋．孝行覽．本味》。成語「高山流水」出自《列子．湯問》，是描述俞伯牙與鍾子期的故事，後來比喻為知己或知音，也比喻優美的音樂。

俞伯牙是春秋時期的音樂家，曾擔任晉國的外交官，從小就酷愛音樂，他的老師成連曾帶著他到東海的蓬萊山，領略大自然的壯美神奇，並從中悟出音樂的真諦。

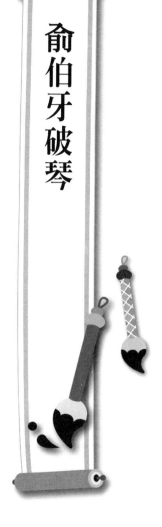

選文

春秋時代，有個名叫俞伯牙的音樂家，琴藝高超，是當時著名的琴師。俞伯牙年輕時聰穎好學，曾拜高人為師，但他總覺得自己無法把樂曲的精神和內涵彈奏得淋漓盡致。俞伯牙的老師知道後，便帶著他乘船到東海的蓬萊島上，讓他欣賞大自然的景色，傾聽大海的波濤聲。

俞伯牙舉目眺望，見波浪洶湧、海鳥翻飛、鳴聲入耳；又見山林綠意盎然，有如入仙境一般。他讓自己完全沉浸在大自然的樂章中，耳邊彷彿響起了大自然和諧動聽的樂音，於是情不自禁的拿出琴來彈奏，把大自然的鳥叫蟲鳴、浪花拍岸的絕響都融入琴聲中，體驗到將彈琴與大自然融合為一體的奇妙感受。

有一年，俞伯牙奉晉王之命出使楚國。八月十五日那天，他乘船來到漢陽江口，清風徐來讓人身心舒暢。俞伯牙對著天空一輪明月琴興大發，拿出隨身的琴渾然忘我的彈了起來，悠揚的琴聲與星空明月相和。忽然，聽見對岸上有人拍手叫絕。

俞伯牙停下來，只見一個樵夫站在岸邊，對他點頭微笑。他知道此人是知音，便問道：「請問尊姓大名？您這麼懂我所彈奏的音樂，真是我的知音。來來！請快到我的船上與我分享音樂吧！」

樵夫說：「我叫鍾子期，你彈奏的琴音是我聽過最美妙的音樂。」

當俞伯牙彈起讚賞高山的曲調時，鍾子期便說道：「彈得真美啊！好雄偉壯觀的高山，我好像看見高聳入雲霄的泰山屹立在眼前一樣！」

當他彈奏表現澎湃波濤的曲調時，鍾子期又說：「彈得真好啊！我好像看到浩浩蕩蕩的滾滾流水流過眼前，奔向一望無際的大海一般！」

俞伯牙好興奮，激動的說：「知音！你真是我的知音。」兩人越談越投機，相見恨晚，便結拜為兄弟，約定明年的中秋節再到這裡相會。

第二年中秋，俞伯牙如約來到了漢陽江口，可是左等右等，怎麼也不見鍾子期來赴約，於是他便逕自彈起琴，希望召喚這位知音。可是又過了好久，還是不見人影。第二天，俞伯牙四處打聽鍾子期的下落，一位老人告訴他鍾子期已不幸染病去世了。臨終前，他留下遺言，要把墳墓安置在江邊，到八月十五日相會時，好聽俞伯牙的琴聲。

俞伯牙聽了老人的話後悲痛萬分，他來到鍾子期的墳前，悲悽的彈起了古曲〈高山流水〉。彈完，他弄斷琴弦，長嘆了一聲，把心愛的瑤琴在青石上摔了個粉碎。他悲傷的說：「我唯一的知音已不在人世了，這世上再也沒有人能聽懂我的音樂，這琴還能彈給誰聽呢？」從此便不再彈琴了。

錦·囊·妙·計

一、俞伯牙的老師帶他到蓬萊島上做什麼？俞伯牙體會到什麼事？

二、鍾子期為什麼是俞伯牙的知音？

三、鍾子期過世後，俞伯牙為什麼把琴摔碎呢？

隆中對策

一、你有知音嗎？他為什麼成為你的知音？

二、你認為要成為別人的知音有什麼條件？

三、俞伯牙知道鍾子期過世後，除了摔碎琴外，還能做什麼？如果是你，你又會如何做？

●語文練功坊：成語練習

寫作時，透過成語可使文章更精練，大部分的成語都有典故出處，下面是與音樂相關的成語。

範例：

1.高山流水：比喻知己或知音，也比喻優美的音樂。

2.陽關三疊：本為曲調名，為餞別時所唱的歌，比喻離別。

◎牛刀小試

下列是與朋友相關的成語，請解釋其意思。

①金蘭之交：

……………………………………………………………………

②生死之交：

……………………………………………………………………

③莫逆之交：

……………………………………………………………………

漫畫

管鮑之交

想一想

《菜根譚》說：「攻人之惡，毋太嚴，要思其堪受；教人以善，毋過高，當使其可從。」對待朋友的錯誤，不當以指責為能事，刺傷朋友的自尊心，反而應該相互體諒與提攜。想一想，當友情深厚的好友犯錯時，你會如何保護和規勸他？

請聽我說

本故事出自《列子．力命》。春秋時代，齊國的管仲和鮑叔牙是相交至深的好友，在兩人的相處過程中，揭示了許多交友的真諦，最值得注意的是，鮑叔牙對管仲的理解及捨己精神，甚至為了輔佐君王，不惜犧牲自己，選擇辭官還鄉。難怪管仲會說：「生我的是父母，而了解我的是鮑叔牙！」兩人無私的友誼，展現出君子之風。

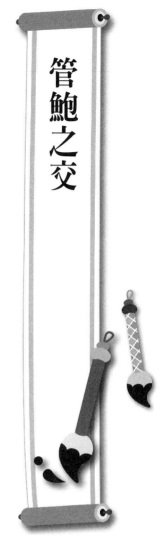

選文

春秋時期，齊國的管仲和鮑叔牙從小就是形影不離的好朋友。長大後，鮑叔牙邀管仲一同做買賣，管仲有些為難的說：「自從父親死後，母親和我相依為命，生活困頓，哪有錢做買賣？」

鮑叔牙說：「錢的事你不用煩惱，錢由我出，你負責經營與管理。」

經過一段時間的準備，他倆真的做起了生意。每次賺了錢，鮑叔牙總是把多的一份給管仲，少的一份給自己。因為鮑叔牙認為他們是好朋友，管仲家有困難，理當互相幫助。之後，他們又一起去當兵。每次打仗，鮑叔牙總是緊跟著管仲，只要管仲一遇到危險，鮑叔牙就會毫不猶豫的用身體去掩護他，因為鮑叔牙認為管仲需要好好活命，回去照顧年邁的母親。

後來兩人又有機會，一起成為輔佐齊國君王的政治家。齊襄公的王位繼承人是小白和糾，當齊國發生內亂，齊襄公被殺之時，小白和糾逃到別國避難，鮑叔牙輔佐小白，而管仲輔佐糾。

內亂平定後，先回到齊國的繼承人可以繼承王位。糾為了避免小白先回到齊國，便命令管仲射殺小白，管仲雖然很猶豫，但仍忠於他的主子，朝小白放箭。小白當場倒地，但天不絕他，原來，箭雖然射中小白，箭頭卻射到腰帶。當管仲一行人離去後，小白立即起身，抄小路趕往齊國就任王位，成為齊桓公。

齊桓公上任後，管仲被判殺君之罪。要處死刑時，鮑叔牙出面勸齊桓公說：「如果您只是要治理齊國，那由我輔佐您就可以了，但如果要稱霸諸侯，就一定要由管仲來輔佐您！」齊桓公非常信任鮑叔牙，就採納他的建議，封管仲為宰相，協助治理政事。管仲也不負好友舉薦，輔佐齊桓公建立強盛的國家。

由於鮑叔牙在齊國做官的時間比管仲長，當管仲的官職超越鮑叔牙時，便有大臣在背後議論紛紛，為鮑叔牙抱不平。鮑叔牙毫不在意，為了保護管仲，讓他大展長才，還向齊桓公辭官還鄉。

齊桓公極力挽留鮑叔牙說：「你真是一位品德高尚的人！管仲是你推薦給我的，為了他，你甚至不惜辭官還鄉。我需要管仲，但也需要你的幫忙，請你留下吧！」管仲也勸鮑叔牙說：「我不在乎別人怎麼說我，我希望你留下和我一起為齊國效力。」但是，鮑叔牙還是悄悄的離去了。

錦·囊·妙·計

一、鮑叔牙和管仲一起做生意和打仗，寧可讓自己吃虧的原因是什麼？

二、管仲被處死刑時，鮑叔牙為什麼要出面勸齊桓公留下管仲？

三、鮑叔牙向齊桓公辭官還鄉的最大理由是什麼？

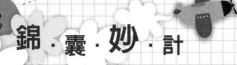

隆中對策

一、如果你是鮑叔牙，碰到像管仲這樣的朋友，你會怎麼做？

二、鮑叔牙和管仲的為人處世，你比較欣賞哪一位？為什麼？

三、如果你是齊桓公，面對曾對自己痛下殺手的管仲，你會怎麼做？

●語文練功坊：成語練習

認識和朋友相關的成語：

忘年之交：年紀差很多，不拘年歲行輩而結交為友。

總角之交：從小便相處要好的朋友。

點頭之交：泛泛之交。交情只止於相見時點頭招呼而已。

莫逆之交：心意相投、至好無嫌的朋友。

刎頸之交：比喻可同生共死的至交好友。

患難之交：共同經歷困苦艱難而互相扶持的好朋友。

金石之交：比喻像金石一樣牢不可破的交情。

管鮑之交：春秋時代齊國管仲和鮑叔牙相交至深，後用來比喻友情深厚。

杵臼之交：比喻交朋友不計較貧富和身分。

割席之交：割斷席子分開坐，表示朋友間斷絕交情，不再來往的意思。

破琴絕弦：指朋友間深厚的友誼。

◎牛刀小試

請找出和鳥類有關的成語，並解釋是什麼意思：

鳥語花香、倦鳥歸巢、沉魚落雁、鴉雀無聲、鵬程萬里、一箭雙鵰、鶴立雞群、聞雞起舞、愛屋及烏。

……………………………………………………………………

……………………………………………………………………

漫畫

做生意時
不要客氣，你家裡需要這筆錢。我拿小份的就好。
感動！
打仗時
叮！
咻！
叮！
你還需要回家照顧你的老母親，快躲在我後面。
感動！
刑
如果想稱霸諸侯，就要由管仲來輔佐齊桓公！
生我的人是父母，但最了解我的人是鮑叔牙。
唉！

桃園三結義

想一想

古人在結盟時，為表示鄭重和公信力，雙方會含牲血或用血塗在嘴邊，表示誠信不渝，即為「歃血為盟」。你是否有親如手足的好友，在你遭遇患難時他如何幫助你？

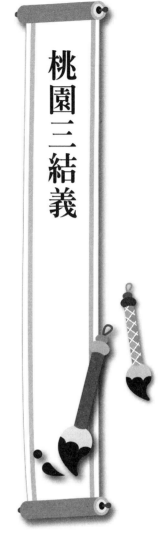

請聽我說

本故事改寫自《三國演義》。《三國演義》的作者羅貫中是明代通俗小說家，他所寫的《三國演義》是中國古代長篇章回小說的開山之作，描寫從東漢末年到西晉初年近一百年間的歷史風雲，反映三國時代的政治軍事鬥爭，當中的謀略在真實戰場上常被運用；刻劃了近兩百個人物形象，其中最為津津樂道的有諸葛亮、曹操、關羽、劉備、張飛等人。〈桃園三結義〉是描述劉關張三人結拜為兄弟的故事，情誼令人為之動容。

選文

東漢時期，涿縣出了一位英雄，他是漢景帝的後代，名叫劉備。劉備從小不喜歡讀書也不愛講話，性格內向，喜怒哀樂不形於色。長相方面大耳，兩隻眼睛顧盼自如，據說能看到自己的耳朵，兩隻手臂垂下來能超過膝蓋，當時人們都說他吉人天相，將來一定能成就一番大事業。但是，劉備年幼喪父，家裡很窮，直到二十八歲，除了結交幾個江湖好友之外，一事無成。

當時皇帝無能，奸臣大權在握，政治腐敗，社會混亂；人民流離失所，有的鋌而走險，加入「造反」行列。其中最大一支隊伍是以張角、張寶、張梁三兄弟為頭目的黃巾軍。

一天，張角的隊伍打到幽州。幽州太守劉焉，組織義軍抵抗，並在涿縣城門口貼出招兵的榜文。一群人圍觀讀榜，大家議論紛紛，劉備也在其中，讀完榜文，長嘆了一口氣。

「大丈夫應該為國出力，何必在此唉聲嘆氣呢！」

劉備回頭一看，一位彪形大漢正注視著自己。此人濃眉大眼，虎臂熊腰，連鬢的鬍鬚像鋼針一般，根根倒插在腮幫子之上。劉備心頭一驚，心想：他可能是條好漢，便問道：「壯士尊姓大名，家住哪裡？」

「我叫張飛，就住在涿縣。聽你唉聲嘆氣的，所以問你一聲！」他雙手交叉胸前，自信篤定的說。

劉備覺得張飛為人豪爽，就把自己的家世告訴他，並感慨的說：「黃巾賊作亂，我有意為國家出力，但是心有餘而力不足，實在很洩氣！」

「這事不難，我家有點資產，可用來招募鄉勇，和你一起做大事為國家盡力！」

張飛拍拍胸膛說。

兩人相見恨晚，便一起到路邊酒店喝酒暢談。

這時候，一位大漢推著一輛車子，在酒店門口歇息，對店小二說：「店家，快拿酒來，我吃完要到城裡投軍去！」劉備抬頭一看，此人身高八尺有餘，面孔紅裡透黑，鬍鬚飄拂，眼角微翹，雙目炯炯有神，眉毛呈倒八字，顯得威風凜凜，想必又是一條好漢，就主動邀他一起坐席喝酒。漢子倒也爽快，自我介紹說：「我姓關，名羽，因為殺了仗勢欺人的土豪，逃亡在外已經五、六年了。聽說這兒招兵，特地趕來報名。」

「太好了！既然大家志同道合，就一起商量商量。走！到我家田莊去。」張飛熱情邀約。

張飛的田莊樹木蒼翠，綠水環繞，房舍整齊，後院桃花盛開，三人來到此優美勝地除欣賞美景外，更暢所欲言。張飛快人快語：「我們三人，志同道合，何不在園子裡祭拜，以天地為證，結成兄弟，有難同當有福同享，上為國家出力，下可安撫百姓。」劉備和關羽異口同聲道好。

三人來到園子裡，擺上香案祭品，焚香祭天，宣誓說：「劉備、關羽、張飛結成異姓兄弟，同心協力為國效勞。不求同年同月同日生，只願同年同月同日死，絕不背信棄義。」他們以年齡為序：「劉備老大，關羽老二，張飛老三。」

此時正是漢靈帝中平元年黃巾賊作亂之際，劉備和關羽、張飛三人結拜為異姓兄弟，正值三月，桃花盛開，俗稱「桃園三結義」。

他們積極招募鄉勇，討賊有功，漸漸形成一方勢力。然而，一次與曹操軍隊的攻防戰中，劉備與張飛因戰敗而出逃，只留下關羽占守邳下。曹操向來很賞識關羽的人品和武藝，便想方設法收服關羽，並派關羽的老朋友張遼當說客，希望他歸降。關羽向張遼提出三個條件要曹操答應，否則寧死不降。「一是投漢不投曹，二是兩位嫂夫人要妥為保護，三是只要一打聽到大哥的下落，就立即投奔。」曹操對第三個條件面有難色說：「那我收留他有何用？」

張遼說：「丞相用恩澤籠絡他的心，何愁他不誠心歸服呢？」於是曹操批准了關羽的三個條件。

曹操讚賞關羽為人，拜他為偏將軍，禮遇甚厚。關羽把曹操給他的所有賞賜都封存妥當，把漢壽亭侯的印綬掛在堂上。不久，曹操察覺關羽心神不定，無久留之意，便對與關羽交情甚好的張邁說：「你去問問看發生了什麼事？」張邁去問關羽，關羽嘆息說道：「我知道曹公待我甚厚，但是我受劉備厚恩，誓以共死，不可違背三結義之盟約。」

張邁將關羽的這番話轉告曹操，曹操聽聞後，不但沒有怨恨關羽，反而認為他有仁有義。關羽寫了封告辭信給曹操，保護著劉備的家小，準備離開曹營，到袁紹軍中尋找劉備。曹操將士知道後，要去追趕，曹操勸阻說：「彼各為其主，勿追也。」曹操親自送行，並送上一件戰袍。關羽把戰袍披在身上，對曹操說：「後會有期。」便騎上馬，拱手而別。

錦·囊·妙·計

一、劉備是哪裡人？個性如何？長相如何？

二、關羽答應要為曹操效勞時，提出哪三個條件？

三、曹操從什麼地方看出關羽對劉備有情有義？

隆中對策

一、關羽、劉備和張飛三人中，你最喜歡哪一位？為什麼？

二、如果你是曹操，你會答應關羽投降時所提的條件嗎？為什麼？

三、這篇故事的主旨是什麼？

●修辭小學堂：白描法

白描法即是不加雕飾，不用典故，對於一件東西，用文字仔細描繪。可先把所要描述的內容分隔幾段，例如：從辨析聲音、動作、形態、味道、顏色、情感等方面下手，分別訓練，加強表達能力。

範例：以媽媽為題材，列出幾道題目來觀察。

1.媽媽的手：媽媽的手比我的手大，媽媽的手會做很多事：會煮飯、會洗衣、會幫我穿鞋子。
2.媽媽煮的菜
3.媽媽喜歡的顏色
4.媽媽常帶我去哪裡玩
5.媽媽最常說的話……

最後，綜合以上資料，完成〈我的媽媽〉，就是從小處入手的寫作訓練。

◎牛刀小試

請你以「我的媽媽」為題，想想看除了上述的寫作方向，還可以從哪些角度來寫作。

…………………………………………………………………

…………………………………………………………………

…………………………………………………………………

…………………………………………………………………

漫畫

招兵
一、身強體壯
二、吃苦耐勞
三、愛國愛民
四、武藝高超
五、僅限男性
唉…
大丈夫應該為國出力，何必在此唉聲嘆氣呢！
你說得對！我倆去喝一杯吧！
酒
好的~~
店家，快拿酒來，我待會要到城裡去投軍！
大俠，進來一起喝一杯吧！
劉備、關羽、張飛結成異姓兄弟，同心協力為國效勞。
酒
酒
酒

荀巨伯訪友

想一想

俗語說：「患難見真情。」在利益當頭和生死交關時，願意守護在你身旁的才是真正的好友。你有沒有「患難見真情」的經驗呢？試著分享一下你和朋友的故事吧！

請聽我說

本故事出自《世說新語》。《世說新語》是作者劉義慶召集門下文人，並加上自己所見所聞編著而成。本書蒐集了魏晉以來諸家史料，內容記錄東漢至東晉兩百三十年間高士的清談玄言、人物評論和機智對應的故事，共有一千多則軼聞瑣事。全書按內容分類，計有德行、言語、政事、文學等三十六篇，清楚反映了當時各階層人士的精神面貌和生活方式。在《世說新語》中，有一些人物是值得我們學習的楷模，例如：荀巨伯的重義輕生、周處的除惡為善、何充的仗義執言等。

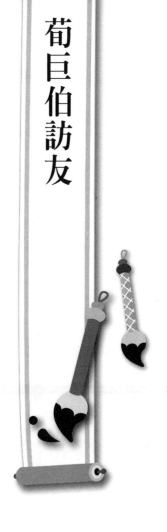

選文

東漢桓帝時，有一個有情有義、胸襟寬廣的人，名叫荀巨伯。有一次，他遠道訪友，剛好遇到胡人來攻城，全城的人幾乎都逃走了，但他的朋友因病入膏肓而無法逃身。荀巨伯義無反顧的決定留下來照顧他，朋友催促他：「快走吧，我是個將死之人，你不需要為了我而同歸於盡。」荀巨伯堅定而誠懇的說：「不講義氣，只求活命，不是我荀巨伯會做的事。」

過了不久，城被攻破了，胡兵蜂擁而至。胡兵來到他朋友家門前，問他：「胡兵來到，全城人都跑光了，你好大的膽子，竟敢留下不走！」

荀巨伯說：「我遠道而來看朋友，但他生病了，不忍心見他病重而自行離去。你們可以殺了我，但請不要傷害我正在生病的朋友。」這群胡兵聽了大受感動，竟率隊退出該城，整個城也因此沒被損毀。

錦·囊·妙·計

一、荀巨伯為他的朋友做了什麼？

二、胡兵為何不殺荀巨伯？

三、你平常怎樣表達對朋友的關心？

隆中對策

一、當你的朋友被霸凌時，你會怎麼做？

二、你認為荀巨伯是個怎樣的人？為什麼你會這樣認為，請從文中找證據說明。

三、請舉例說明朋友間義氣相挺的行為。

●語文練功坊：成語典故

《世說新語》的故事情節，部分亦成為我們常常看到的成語和典故。下列列舉成語均出自《世說新語》。

付諸洪喬：比喻書信遺失。

望梅止渴：比喻用空想來安慰自己。

一往情深：指人情感深厚、真摯，一旦投入，始終不改。

東床快婿：比喻女婿。

小時了了：人在幼年時聰明敏捷，表現優良，長大之後未必能有所成就。

◎牛刀小試

下列成語出自《世說新語》。請解釋是什麼意思，並說明典故原由。

①詠絮才

....

②七步成詩

....

③漸至佳境

....

漫畫

快逃啊！
跑啊！
胡人來啦！
快逃啊！
呀～～～
好久沒去探望好友了……
奇怪，發生什麼事了？
好友，你怎麼了？
胡人來攻城，你快逃吧！
讓開！
我不會拋下朋友，獨自逃跑的。
如果殺了這麼有義氣的人，我們反而是不義之人！

大衛和約拿單的友情

想一想

俗語說：「肝膽相照，斯為腹心之友。」、「多一個朋友多一條路，少一個朋友添一堵牆」。當你陷入親情和友情的衝突時，你會如何抉擇？

請聽我說

本故事改寫自《撒母耳記上、下》。《撒母耳記》在《聖經》希伯來文古卷原為一冊書，主要是敘述以色列兩個國王掃羅王和大衛王的故事，具歷史價值和文學性。掃羅王是以色列歷史上第一位國王，氣宇軒昂卻命運多舛，因為不願聽命於神旨，為神所遺棄，而陷入半瘋癲狀態。而大衛是一個喜歡音樂的年輕牧羊人，因緣際會幫助掃羅王打死大巨人歌利亞，而深得民心，因為遭忌，遭到掃羅王追殺。

伯利恆人耶西有八個兒子，大衛是最小的兒子。當哥哥們跟隨掃羅王出征時，年紀最小的大衛被要求到伯利恆的山丘去照顧羊群。他一個人在山上面對猛獸攻擊羊群時，會用彈弓嚇跑獅子，所以練就他一身好身手。

有一天，大衛的爸爸因為擔心在前線的哥哥們，對大衛說：「你拿一些餅和一些食物送到營裡去，交給你哥哥們，看他們是否平安？」大衛一早起來，就依照父親的吩咐，帶著食物來到了營區。

以色列和非利士雙方軍隊剛到戰場，擺列隊伍，吶喊交戰。以色列人看見如巨人般的非利士人——歌利亞，害怕得掉頭逃跑。

大衛詢問道：「難道沒有人可以殺掉這非利士巨人，除掉以色列人的恥辱嗎？」

有人將大衛說的話秉告掃羅王，掃羅王便打發人叫大衛過來。大衛對掃羅王說：「讓我去挑戰那巨人吧！」掃羅王對大衛說：「你只是個孩子，而歌利亞是個戰將，你不能與那非利士人戰鬥。」

大衛對掃羅王說：「我為父親放羊，有時會遇到獅子或熊來攻擊我的羊群，我就追趕擊打獸群，將羊羔從牠口中救出來。」大衛又說：「耶和華神救我脫離獅子和熊的魔爪，也一定能救我脫離那非利士巨人。」於是，掃羅王便讓大衛單槍匹馬上陣了。

大衛手中拿著牧杖，又到溪中挑選了五塊光滑的石子，放進他牧羊的小袋裡，另一隻手拿著投石器，出去迎戰歌利亞。

歌利亞用藐視的語氣說：「來吧！我要把你的肉給空中的飛鳥、田野的走獸吃。」大衛放下手杖，把石子放在投石器上，旋轉一圈，石頭彈飛出去。「咻！」一聲，石頭不偏不倚打中巨人的額頭，歌利亞當場死亡。非利士人看見他們的戰神死了，嚇到逃得無影無蹤，而以色列人則歡欣慶祝難得的勝利。

掃羅王因為大衛的光榮勝利而感到無比高興，任命他為軍隊的最高指揮官，並把他留在自己的家中。大衛受到掃羅王的兒子約拿單的歡迎，約拿單如同親兄弟般愛戴他，常在父親面前誇獎大衛，而掃羅王也將女兒米甲嫁給大衛為妻。

每逢非利士軍隊出來打仗，大衛總是親自領軍，衝鋒上陣，他比掃羅王的任何一位臣僕都勤快，因此他的聲名遠播，並受人尊重。對以色列百姓來說，大衛是救命大英雄，當他走在街上時，總是受到大家的歡呼和愛戴，人們唱著：「掃羅王殺死千千敵，大衛殺死萬萬敵！」

掃羅王聽到大家對大衛的崇拜，便心生嫉妒。掃羅王自言自語說：「如果百姓愛大衛比愛我多，那他很快就會統治我的王國。」掃羅王憂慮不已，並且緊密監視大衛的行動。當掃羅王心煩氣躁時，就會要求大衛為他彈奏豎琴，而大衛也樂意服侍掃羅王，討他歡心。

有一天，大衛正在為掃羅王彈奏豎琴，掃羅王突然有一股無法克制的怒氣和恨意，說時遲，那時快，他拿起矛，向大衛的頭射去，大衛躲避他的攻擊，逃過一劫。大衛心裡明白，他隨時都會有生命危險，應該要盡快離開。於是，他先去找太太米甲商量，米甲認為他留在這裡也不安全，所以就用繩子把他從窗戶放下去，讓他摸黑逃走了。

約拿單偷偷跑到大衛藏身之處找他，大衛苦惱的問這位摯友：「我到底做了什麼，讓你父親掃羅王這麼恨我？他真的要殺我嗎？」約拿單說：「別擔心，我父親做什麼事都會告訴我，我會查出我父親真正的意圖。你先藏在這裡，等我給你信號，然後你就會知道是否安全。三天後，你在以色列磐石那裡等候我。我會朝磐石旁邊射三箭，然後要童子去找箭。我若對童子說：『箭在你的後頭，把箭拿回來。』就代表你可以回來。我若對童子說：『箭在前頭。』就代表你要離開。至於你我今日所說的話，有耶和華為證，直到永遠。」兩人約定好後，大衛就躲到田野。

掃羅王得知約拿單協助大衛離開後，生氣的抓著約拿單說：「你竟敢與我作對，現在馬上把他帶來，他該死！」約拿單一聽，就知道父親執意要殺死大衛。

次日早晨，約拿單趕緊按照約定通風報信，於是帶著一個童子假裝去田野打獵。約拿單對著磐石射出三箭，對童子說：「你去把我射的箭找回來。」童子跑去，約拿單就把箭射在童子前頭，並對童子呼叫說：「箭在你的前頭。」童子跑到了約拿單落箭之地，把箭拾起，回到主人那裡。

童子不知道這是什麼意思，但約拿單和大衛都知道。約拿單將弓箭交給童子，吩咐說：「你先拿回城裡去！」

童子一去，大衛就從磐石的南邊出來，俯伏在地，拜了三拜，彼此哭泣。約拿單對大衛說：「我們二人曾指著耶和華的名起誓，如今你平平安安的離開吧！」

大衛起身走了，開始他的逃亡生活，而約拿單也回城裡去，當作什麼事都沒發生一樣。

錦·囊·妙·計

一、大衛是如何擊敗巨人歌利亞的？他為什麼有能力成功？

二、掃羅王一開始喜歡大衛，為什麼後來要置他於死地？

三、約拿單如何幫助大衛逃亡？

隆中對策

一、如果你是約拿單，你會背叛自己的父親而幫助大衛逃亡嗎？為什麼？

二、你認為約拿單是個怎樣的人？他如何知道父親真的要置大衛於死地？

三、你有像大衛和約拿單之間這樣的友情嗎？請分享故事給好友聽。

●作文教室：人物描寫

描寫人物最常犯的缺點是缺乏具體描寫。

範例：

「我的媽媽很偉大，而且很辛苦」，需將媽媽的辛苦具體化，才能使文句深刻動人。

→媽媽很辛苦，每天一下班，總是在第一時間衝到學校，接回讀幼稚園的弟弟。之後，再趕回家做晚飯；吃完飯又要收拾杯盤狼藉的餐桌。當我在寫功課時，她又要說故事給弟弟聽。等我們睡覺了，她還要洗全家人的衣服，一刻也不得休息。

◎牛刀小試

請以「具體描寫」續寫下列句子。

我的妹妹是家中的開心果，……………………………………

……………………………………………………………………

……………………………………………………………………

……………………………………………………………………

……………………………………………………………………

……………………………………………………………………

漫畫

吼~
啊~
啊~
啊~
衝啊！不要怕！
怪物啊！
驚！
驚！
……
難道我們沒有勇士，可以除掉這個非利士人嗎？
你有辦法除掉那個巨人嗎？
交給我吧！
咻！
咻！
鏘！
碰！
就是這個！
看我神器羽毛的厲害！
好癢！好癢啊！
我輸了！
我投降！
快讓我走！

達蒙和皮斯阿司

想一想

美國作家及思想家梭羅說：「偉大的信任產生在偉大的友誼上，友誼是信任的基礎。」當你的朋友面臨攸關生死的處境時，你會拔刀相助嗎？你願意這麼做的原因是什麼呢？

請聽我說

本故事取自一五六四年英國劇作家理察・愛德華，以西元前四世紀一段關於友誼和信任的故事，而完成的劇本《達蒙和皮斯阿司》。在歐洲俗語裡，「達蒙和皮斯阿司」代表真正的友誼。

選文

西元前四世紀左右，有兩位好朋友達蒙和皮斯阿司，他們都是希臘著名的數學家畢達哥拉斯的追隨者。傳說他們一起去西西里島東岸的錫拉庫薩古城，但皮斯阿司被指控密謀反對錫拉庫薩的暴君迪奧尼修斯一世，因而被判死刑，而且將在某個法定的日子公開處死。

皮斯阿司接受了判決，但他想到自己被處死後，家中老母無人奉養，便涕泗縱橫的懇求國王，讓他有機會回家拜別老母。起初，國王不同意，認為皮斯阿司只是假藉名義想要伺機逃跑；但熬不過他的苦苦哀求，最後被他的孝心感動，決定讓他完成心願。但是，國王提出一個條件：「讓你回去可以，但當你不在監獄服刑時，必須有一個人替你坐牢；你若在行刑前未依約回來，便將那個代替你服刑的人處死。」

這是一個看似簡單，但不可能實現的條件。皮斯阿司左右為難，心想：「有誰肯冒著被殺頭的危險替我坐牢呢，這豈不是自尋死路嗎？」

當達蒙知道此消息後，主動報告國王他願意代替他的好友坐監服刑。大家議論紛紛，認為茫茫人海中，真的有人不怕死，願意替別人坐牢，大家很擔心皮斯阿司一去不復返，都靜靜的關心事情的發展。

眼看刑期在即，皮斯阿司卻一直沒有出現。人們開始謠傳，認為達蒙上了皮斯阿司的當，根本就不該輕易承諾幫忙。

行刑日是個雨天，當達蒙被押赴刑場時，圍觀的人都取笑他的愚蠢，認為他被好友背叛，愚不可及。但是，被押上刑車的達蒙，不但面無懼色，反而有一種從容赴死的豪氣。當追魂砲點燃時，絞索也早已掛在達蒙的脖子上了，達蒙昂首闊步，毫不懼怕，因為他深信他的好朋友一定是因為有事耽擱了，他也堅信他一定會趕回來。

圍觀的人群越來越多，膽小的人嚇得緊閉雙眼，他們在內心深處為達蒙深感惋惜，認為他不值得，並痛恨那個出賣朋友的小人皮斯阿司。

千鈞一髮之際，冷颼颼的風雨中，一個小黑影遠遠跑來，並一邊高喊著：「我回來了！我回來了！且慢動手！」所有的人都眼睜睜見證這人世間最感人的一幕，大多數的人都以為自己在夢中，但事實不容懷疑。

這個消息很快就傳到了國王耳中。國王一聽，急急忙忙趕到刑場，當他看到皮斯阿司拖著疲憊的身子向達蒙表示歉意，並解釋他是因為搭乘的船被海盜劫掠，並被海盜扔出船外，幸而他奮力游過海峽，才得以最快的速度趕回到錫拉庫薩，及時趕回刑場。

一旁的國王了解事情原委後，深受感動，因為他親眼見證了兩個朋友之間深厚的友誼和信任，不僅稱讚他們的好品德，也決定放過他們，赦免了他的罪刑。兩個好友相擁而泣，而一旁圍觀的人也為他們熱烈鼓掌，恭賀兩人無罪釋放。

錦·囊·妙·計

一、皮斯阿司向國王提出回家拜別母親的理由是什麼？

二、當圍觀的人群認為皮斯阿司出賣朋友時，達蒙心中怎麼想？

三、皮斯阿司在緊要時刻出現了，他碰到了什麼災難？他又如何克服？

隆中對策

一、你認為皮斯阿司是個怎樣的人？請從文中舉出兩個例子證明你的論點。

二、你認為達蒙是個怎樣的人？請從文中舉出兩個例子證明你的論點。

三、如果你是達蒙，你會為朋友慷慨赴義嗎？為什麼？

妙筆生花

●作文教室：擬定記敘文大綱三法

擬定記敘文的大綱可以分三種方式：

1.按時間先後訂大綱：例如：四季之美可從春、夏、秋、冬依序訂定。

2.以事情過程訂大綱：按照事情發生的「原因」、「經過」、「結果」次第進行。

3.以重點前置法訂大綱：可從最精采的地方下筆。例如：寫風景從最漂亮的地方開始寫起，再鋪陳其他的景色。

◎牛刀小試

請將發生在皮斯阿司和達蒙身上的故事，以條列式書寫，將事情發生的順序訂定大綱。

漫畫

請讓我回去見母親最後一面。
可以！
但是必須有一個人代替你坐牢。
我願意代替他。
行刑當天
皮斯阿司太過分了！
他真傻！
太可憐了！
等一下！我回來了！
因為你們真摯的友情，我決定赦免你們。
太好了！
太好了！

紅髮安妮

想一想

魯迅說：「友誼是兩顆心真誠相待，而不是一顆心對另一顆心的敲打。」美好的友誼建立在雙方的真誠上，並非單方的貢獻和付出可以達成的。你有遇過付出真誠，卻得不到對方回應的經驗嗎？你覺得問題出在哪裡？之後又是如何處理的？

請聽我說

《紅髮安妮》，又譯為《清秀佳人》或《綠色屋頂之家的安妮》，是由加拿大作家露西・莫德・蒙哥馬利所著的長篇小說。小說自一九〇八年首度發表後，已陸續被翻譯成三十多種語言，堪稱經典之作。主要內容是描述作者蒙哥馬利童年成長的地方——愛德華王子島所發生的故事。

在愛德華王子島上的艾凡里鎮，有一對兄妹，自從父親過世後，他們相依為命，住在這裡的綠屋頂之家。哥哥馬修已經六十歲了，個性害羞寡言，不喜歡和陌生人來往；妹妹瑪莉拉則是乾脆俐落，做事堅持己見，凡事追求完美。

在一個農忙的下午三點半，馬修駕著三輪馬車，穿著最好的西裝，準備到布萊特河，去接一位從新斯科舍省的孤兒院領養來的小男孩，兄妹倆一直希望有一個男孩可以到這個家幫忙農務。

長長的月臺空蕩蕩的，一個年約十一歲的小女孩，坐在月臺的盡頭。她穿著一件又短又緊，而且很難看的黃灰色棉絨裙，頭頂戴著一頂褪色的棕色水手帽，兩條粗粗的紅髮辮子拖到背後。她的小臉又白又瘦，布滿雀斑；眼珠子看起來是綠色的，有時又像是灰色的，大大的眼睛充滿朝氣與活力，可愛甜美的嘴唇富有表情，前額寬大而飽滿。馬修笨手笨腳的握住那小女孩骨瘦如柴的小手，他沒辦法告訴這個眼神中閃爍著喜悅光芒的孩子，一切是個天大的錯誤，所以決定把小女孩載回家中，讓他妹妹處理這件事。

瑪莉拉決定留下安妮，並負責照顧她。有一天，她帶著安妮去拜訪貝利太太，並要她認識和她年齡相仿的女兒戴安娜。瑪莉拉提醒安妮：「貝利太太是長輩，記得一定要有禮貌，表現端莊，不要老是一副語不驚人死不休的模樣。我的天啊！你該不會緊張到發抖吧？」

「噢，瑪莉拉，我好緊張，我終於要認識第一個朋友了。如果戴安娜不喜歡我怎麼辦？」安妮臉色蒼白，神情緊張。在孤兒院長大的她從沒交過好朋友，所以既期待又怕受傷害。

她們穿過小溪和種著冷杉的山丘，抄近路來到了果園坡。戴安娜正坐在沙發上看書，客人一進來，她就急忙的放下手中的書。她是個長得很別緻的小姑娘，有著和母親一樣的黑眼睛和黑頭髮，紅潤甜美的臉頰則遺傳自和藹可親的父親。

「這是我的女兒戴安娜。」貝利太太說，「戴安娜，帶安妮到花園去看看花吧！」

一片柔和的落日餘暉穿過冷杉，兩個小女孩站在花園的西邊，隔著絢爛的花叢害羞的互相看著。

「噢，戴安娜，」安妮終於開口了，她緊握雙手，認真的問：「你覺得你喜歡我嗎？你願意永遠做我的朋友嗎？」

戴安娜有點被安妮的認真嚇到了，但仍答應和她手牽手，許下忠貞的友好誓言。

分別時，還不忘提醒對方隔天下午要一起玩。相處的時間久了，她們倆也發明了「打閃光」來傳遞信號，當兩個人需要見面時，透過信號，安妮會穿過「鬼森林」的冷杉樹影和戴安娜相見，兩人永遠有說不完的悄悄話。

上了中學的安妮想像力豐富，能言善道，聰穎慧黠且具有創作天分，在學校成績名列前茅，而且總是把學校中有趣或受欺負的事和戴安娜分享，三年後以優異成績考上大學。

年老的馬修過世後，安妮為了照顧視力日漸衰退的瑪莉拉，決定放棄就讀大學的獎學金，留在艾凡里小鎮教書。雖然馬修的離去，讓她覺得自己和世界隔絕，但真誠的工作、崇高的理想、難得的友誼將會永遠陪伴她，因為這些都是屬於她的幸福。

錦·囊·妙·計

一、馬修去車站做什麼？當他發現領養的孩子不是他們所期待的男孩時，他如何處理？

二、請試著描述安妮的外型和個性。

三、分隔兩地的安妮和戴安娜是如何傳遞信號的？

隆中對策

一、安妮決定留在家鄉任教的理由是什麼？

二、如果初次見面的人請求你和他做永遠的朋友，你會答應嗎？為什麼？

三、你喜歡安妮嗎？請說出至少三個理由。

●作文教室：擴寫句子

試著在主要句子中加入時間、地點、場景、人物描寫等細節描寫，可以增加事件的生動性和豐富感，不失為練習作文的一大妙法。

1.原句：十一歲的小女孩坐在月臺上，蒼白的臉長滿雀斑，穿著棉絨裙，頭戴水手帽。

2.原句＋場景
長長的月臺空蕩蕩的，一個年約十一歲的小女孩，坐在月臺的盡頭。蒼白的臉長滿雀斑，穿著棉絨裙，頭戴水手帽。

3.原句＋場景＋人物摹寫
長長的月臺空蕩蕩的，一個年約十一歲的小女孩，坐在月臺的盡頭。她穿著一件又短又緊，而且很難看的黃灰色棉絨裙，頭頂戴著一頂褪色的棕色水手帽，兩條粗粗的紅髮辮子拖到背後。她的臉又小、又白、又瘦，布滿雀斑；眼珠子看起來是綠色的，有時又像是灰色，大大的眼睛充滿朝氣與活力，可愛甜美的嘴唇富有表情，前額寬大而飽滿。

◎牛刀小試

請根據指定條件，擴寫原句。
原句：老師在教室的時候，我們是乖巧的綿羊；老師不在教室的時候，我們是吵雜的麻雀。

①原句＋教室場景

………………………………………………………………………………

②原句＋教室場景＋學生動作

………………………………………………………………………………

漫畫

不知道那個領養的小男孩乖不乖？
奇怪！火車誤點嗎？怎麼還沒到？
怎麼辦？小男孩到現在都還沒有來，是不是該去報警？
怎麼辦？是不是寄養家庭不要我？
小妹妹被拋棄了嗎？好可憐喔！
叔叔是不是無家可歸？好可憐喔！

柳林中的風聲

想一想

《論語》說：「忠告而善道之，不可則止，毋自辱焉。」意思是朋友犯錯，誠意提供對方忠告，如果對方不聽，就要中止勸告，退一步暫時觀察情況，若強迫朋友接受自己的勸告，不但有可能損及雙方友誼，甚至會自取其辱。每個朋友的個性各不相同，如果遇到喜歡吹牛、沒耐性、愛炫耀的人時，你會怎麼和他相處？

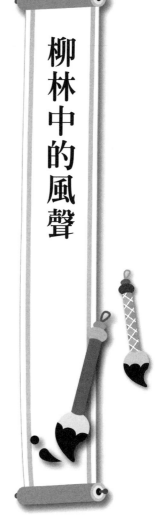

請聽我說

《柳林中的風聲》是英國作家葛拉罕的代表作，故事的主角有謙和爽朗的鼴鼠、脾氣好體貼人的水鼠、穩重可靠的獾，以及愛炫耀又自我中心的蛤蟆，是一本描述在美麗大自然中有關動物之間友誼的故事。這本書於一九〇八年出版，後來引起美國總統羅斯福的注意，甚至一口氣讀了三遍。《柳林中的風聲》被譽為英國兒童文學的經典之作。

選文

在一條會唱歌的小河邊，住著四隻迷人的小動物。首先登場的是鼴鼠安安，謙和爽朗、聰明伶俐又友善；接下來是水鼠華拉，見義勇為且做事勤快；而老獾身材高大、穩重可靠，嚴肅的個性令人敬畏有加；最後一隻是愛吹牛、做事沒耐性、經常給大家帶來麻煩的蛤蟆戴利。

對鼴鼠安安來說，春天是個忙碌的季節。河岸邊土黃色的地底下傳來一陣陣聲響，原來，是住在裡面的鼴鼠正忙著收拾他的小屋。他累壞了，把刷子甩在地上大叫：「好煩啊！討厭的大掃除！」隨即像閃電似的衝出屋外。和煦的陽光把草地曬得暖暖的，鼴鼠沿著河岸蹓躂，巧遇愛作詩及愛唱歌的水鼠華拉，水鼠熱情的說：「你要不要搭我的船，很有趣喔！」從沒坐船遊玩的鼴鼠點點頭，接受邀請。

水鼠帶著裝滿食物的午餐籃子，和鼴鼠划著船，一起去拜訪水邊及森林中的好友。路途中，鼴鼠嫉妒水鼠的划船技術好，為了證明自己可以和水鼠划得一樣快、一樣好，就在水鼠瞇著眼睛望向天空時，搶過水鼠手中的槳。說時遲，那時快，沒經驗的鼴鼠無法同時使用兩支槳讓船前進，嘩啦！船翻了！

幸而熟諳水性且身手矯捷的水鼠，在第一時間救起了即將溺斃的鼴鼠。鼴鼠為自己的行為深感抱歉：「我要為我的愚蠢和不自愛的行為向你道歉，你能不能原諒我？」

「沒問題，你放心！」水鼠輕鬆的說：「一點點濕，不算什麼！你別把事情看得那麼嚴重。我想請你到我家住上幾天，我可以教你划船、游泳，過不了多久，你就可以跟我一樣在水裡自由自在的游泳了。」鼴鼠聽到水鼠不計前嫌，感動得流下幾滴眼淚。

有一天，鼴鼠對水鼠說：「你願不願意帶我去拜訪蛤蟆先生？我聽到許多關於他的事，很想認識他。」

「沒問題，去拜訪蛤蟆不需要事先約時間，不管是大清早或是任何時候，他總是很和氣；你離開的時候，他總是會感到很抱歉，認為自己招待不周！」他們在河上繞了一個大彎，看見一幢華美的古老房子，兩人走下船，經過裝飾美麗花朵的草地，直接進到「蛤蟆大廈」。

「嗨！」蛤蟆看見他們兩個，果然很熱情的和他們握手說：「水鼠，我正在想你，你就出現了！來來來！我現在已經不玩船了，我打算帶你們去看我的新吉普賽篷車。瞧！金黃色的車身，配上紅綠兩色的車輪，連裡面的裝潢都是我親手設計的，夠炫吧！我要天天開車去旅行，天天有變化，這才叫作生活。」這部吉普賽篷車布置得非常舒服精巧，裡面有幾張小小的臥床、吃飯的折疊小桌子、擺放幾個櫃子和書架，還有裝著鳥的鳥籠，及各樣鍋碗瓢盆，應有盡有。

在蛤蟆熱情的邀約及鼴鼠的躍躍欲試下，他們三人展開冒險之旅。他們把馬具套在灰馬上，便駕著吉普賽篷車出發了。途中，老灰馬被突然闖出的一輛豪華汽車嚇到了，牠猛然跳起，身子向後一躲，再向前一撲，就往後直退。這輛吉普賽篷車掉落路旁的深溝，篷車側躺在溝裡，窗子破了，車廂板也斷了好幾塊，車子破損得慘不忍睹。喜新厭舊的蛤蟆，完全不理會其他人的生死，任憑氣急敗壞的水鼠在深溝裡直跺腳說：「你這個壞蛋！」他不僅棄好朋友於不顧，而且頭也不回的進城去訂了新衣服，並且租了一部豪華的大汽車後，逕自離開。

狼狽的鼴鼠和水鼠不知身在何處，也找不到回家的路，走著走著，鼴鼠累得昏倒了，水鼠緊張的扶起他，沒想到這兒竟是獾的家。

水鼠猛敲門說：「開門啊！開門啊！我是水鼠，我在森林中迷路了。」獾聽到水鼠的喊叫聲，打開門邀請他們進屋來取暖。站在溫暖的火爐邊，鼴鼠漸漸恢復體力，他虛弱的說：「你好，我是鼴鼠安安，不好意思打擾你了。」

獾說：「沒關係，出門在外靠朋友，你們就放心住下來吧！」熱情的獾為兩位朋友準備了豐盛的晚餐，三個人一邊吃飯一邊聊天，還在獾的家裡過夜。經過這趟驚心動魄的冒險之旅，鼴鼠和水鼠很快就進入夢鄉了。

第二天早上，他們的朋友水獺衝進屋內，發現鼴鼠和水鼠在獾舒適的屋裡，才鬆了一口氣說：「幸好你們都很平安，住在河邊的鄰居都很擔心你們呢！大家派我來報告獾，並且共商對策。」他們一起享用一頓豐盛的早餐，然後獾便帶著他們走出森林。

最後，水鼠、鼴鼠聯手「拯救」及「改造」自私自利的蛤蟆，雖然制服了他，但善心的水鼠上了蛤蟆的當，讓他逃了。蛤蟆之後還偷開別人的車，造成公害，加上侮辱警員，被關進監牢，之後又設法逃獄，一路瞎鬧惹事。不幸的是，蛤蟆的大廈被森林的黃鼠狼頭子和白鼬所盤據，幸好三個好友不計前嫌，設法經由祕密通道突襲敵人，奪回大廈，而蛤蟆也認清好友對他的包容而痛改前非，重新做人。

錦·囊·妙·計

一、請介紹書中四個主角：鼴鼠、水鼠、獾和蛤蟆的個性。

二、鼴鼠為什麼要趁水鼠不注意時，搶過槳來划船？結果如何？

三、你羨慕鼴鼠與水鼠之間的友誼嗎？為什麼？

隆中對策

一、請描述蛤蟆新吉普賽篷車內的布置，你認為還可以增加什麼？你的理由是什麼？

二、如果你有像蛤蟆這樣個性的朋友，你會怎麼做？

三、在你所有的朋友中，哪種特質或個性的朋友是你最難接受的？你會怎麼和對方相處？

●修辭小學堂：修辭法運用

《柳林中的風聲》為了讓表達更生動、想像更豐富，將森林裡的動物當作人來描述，使牠們具有像人類一樣的動作或情感的手法，就稱作「擬人法」。

除此之外，本篇故事還使用了許多修辭法：

1.類疊法：

同一個字詞或語句在句中接二連三、連續重複使用的修辭方式，稱為「類疊法」。作用在於加強文章的語氣和感情，增添語言的節奏感和旋律美。

2. 感嘆法：

當人遇到喜怒哀樂之事，常會以呼聲來表達情感。這種以呼聲來表達情感的修辭法叫作「感嘆法」。

◎牛刀小試

請仔細觀察本篇故事，找出類疊法、感嘆法使用的句子。

①類疊法：

....

....

②感嘆法：

....

....

漫畫

好棒喔！真舒服耶！
嘶~~
叭叭！叭叭！
哇！
000-7796
你們應該沒事吧？那我先走了。
救救我們啊！
別走啊！
竟敢拋棄我們！
是我錯了，請原諒我。
可惡的傢伙！

妙點子

想一想

「臨危不亂」是指面臨危難時，能冷靜思考，不自亂陣腳的大將之風。當你面臨危急時，你習慣獨自應對，還是尋求朋友的協助？這兩者又各自有什麼優劣？

請聽我說

本故事改寫自《怪桃歷險記》。《怪桃歷險記》的作者羅爾德．達爾一九一六年出生於威爾士卡地夫的蘭達夫，他是英國傑出兒童文學家，同時也是劇作家和短篇小說作家。在羅爾德．達爾的兒童小說中，常會從一個小孩的觀點記述，通常還會包括成人反派角色——憎恨並虐待小孩的人，在《怪桃歷險記》中，這令人厭惡的角色，就是最後被壓扁的兩個姑媽——史胖姬和細珮克。

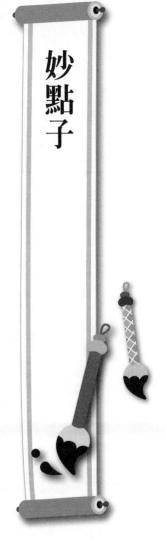

小孤兒詹姆士寄住在邪惡的姑媽家，不斷遭受虐待。有一天，他遇到一位好心的神祕老人，給了他裝滿一千隻鱷魚舌頭的袋子，神奇的鱷魚舌頭讓庭園裡的老桃樹長出一顆巨大桃子。小詹姆士爬進奇幻桃子裡，認識了六隻不同個性的昆蟲：老青蚱蜢、蠶、蜘蛛、瓢蟲、蚯蚓和蜈蚣。他們不但結交為好友，還因為珍惜這樣的巧遇，決定坐著巨桃一起去旅行。

他們坐在巨大的桃子上，經過一陣天旋地轉，轉到了海面。海面很平靜，海底下卻危機四伏，鯊魚不停的衝撞大桃子。大夥兒焦急的等待，催促著最有智慧的詹姆士快快想出好法子，帶大家脫離險境。「我……我有個方法，但咱們需要幾百碼的繩子，這一招才靈。」

老青蚱蜢說道：「我們有啊！我們的蠶寶寶總是一動也不動的躺著睡覺，得先把她搖醒。」蜘蛛小姐大聲說：「我不比蠶寶寶織得慢，不僅織得很結實，還能織出各種圖案，你要多少就有多少。」

「太好了，這一帶有成千上萬的海鷗，我要用一條長長的繩子，把繩子的一頭打個環兒，套在一隻海鷗的脖子上，然後把另一頭套在桃子的莖柄上。這莖柄就像是一截短粗的桅杆，矗立在船甲板的正中央。然後，再套住另一隻海鷗，並做同樣的事，接下去是第三隻、第四隻……。」

「荒唐！」、「異想天開！」、「癡人說夢話！」大夥兒七嘴八舌的潑冷水，認為這根本不可能達成。在一片吵雜聲中，老青蚱蜢說話了：「這需要幾百隻到幾千隻的海鷗，才能把我們和巨大的桃子一起抬到空中！」

「海上有的是海鷗，我會一個勁兒用繩子把牠們一隻隻套住，並繫在桃柄上，直到足夠的量能把我們抬起來為止，只要我們有足夠的時間，不讓這些可怕的鯊魚把我們弄沉……。」詹姆士依然自信滿滿的回答。

「我看你是徹底昏了頭！要怎麼把繩套套在海鷗脖子上？」蚯蚓打斷他的話。

「用誘餌！因為海鷗最愛吃軟蟲，而我們擁有最嫩、最肥多汁的蚯蚓啊！」

「我不幹！我才不拿自己的生命開玩笑，海鷗會把我啄成一堆肉泥！」蚯蚓大聲抗議的說。

「你根本不需要犧牲生命，我的計畫是這樣的……。」詹姆士不放棄，胸有成竹的說。

聽完詹姆士的說明，最支持他的老青蚱蜢歡呼說：「這計畫太妙了，詹姆士你真是天才！」

「可是我會被活活啄死。」可憐的蚯蚓傷心的說。

「不會的，我有十足的把握，不會讓你受傷的。」詹姆士摟住蚯蚓的肩頭，安慰他說。

「各就各位，事不遲疑，我們馬上依計畫行事。」大家都很有默契的聽這位船長發號施令。「除了蚯蚓外，所有人都到甲板下面埋伏。蜈蚣負責督促蠶和蜘蛛小姐合力吐絲，才能讓大家活命。」在大家齊心努力之下，從第一隻海鷗到第二隻海鷗，越抓越順手，等到第五百零二隻海鷗被迅速抓住，並拴在桃柄上後，奇妙的事突然發生了，大桃子猛然一動，然後緩慢的，莊嚴的……宛如一只金色大氣球向上移動。

在五百多隻海鷗齊心協力拉著繩子的帶動下，大桃子終於離開海面，飛向自由的天空。大夥兒都興奮的在大桃子上，高興開懷的擁抱彼此脫離險境。「詹姆士你太有智慧了，我們真是團結力量大，太棒了！」

錦·囊·妙·計

一、詹姆士和哪些夥伴一起去旅行？

二、旅行途中發生什麼事？

三、當大家意見相左時，詹姆士提出什麼方法解決難題？

隆中對策

一、請說出故事中六種昆蟲的生物特性？

二、這七個人如何分工合作，脫離險境？

三、如果你是蚯蚓，面對詹姆士請你去當誘餌的請求，你會答應嗎？

●作文教室：善用觀察

觀察是關懷的首要行為，學習觀察，等於學習關懷，才能真正了解他人的需求和心理。觀察事物有兩項基本原則：

1.觀察目的：
觀察是為了讓自己學習得更多，而且使自己在說話和寫作時都言之有物。

2.觀察方向：
在不危險的前提下，利用感官去仔細觀察事物的外觀、氣味、觸覺，乃至於不同時間的變化，和有什麼特性等各方面。

◎牛刀小試

請以一株植物作為觀察對象，記錄你所觀察的重點：

名稱	外觀	氣味	觸覺
葉片			
花朵			
果實			
根莖			

漫畫

啊！
啊！
啊！
啊！
蹦！
蹦！
蹦！
詹姆士，快想想辦法。
情況危險，我們該怎麼辦？
我有一個方法，但需要世界上最勇敢的人。
我就是世界上最勇敢的人！
可惡！我被陷害了！
啊～～救命啊～～
啞啞啞！
啞啞啞！
啞啞啞！
啞啞啞！
啞啞啞！

卡爾松玩帳篷遊戲

想一想

「一種米養百種人」，每個人都有自己獨特的個性，強迫一個人改變是不合理的行為，透過理性的溝通和調整，才能達到互贏的局面。如果你的家人不喜歡你的朋友，或是你的朋友不喜歡你的家人，你會如何處理？

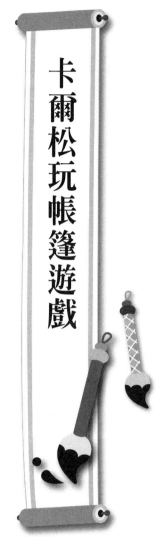

請聽我說

本故事改寫自瑞典經典兒童文學名著《屋頂上的小飛人》。作者阿思緹．林格倫出生於一九〇七年。她曾撰寫數十部繪本與兒童小說，獲獎無數。四〇年代出版的《長襪皮皮》系列廣受喜愛，滿足了普世兒童的想像和渴望。五、六〇年代，她再以《小飛人》系列，創造出一個住在屋頂的卡爾松。卡爾松具有飛行能力，並像小飛俠一般不願意長大，他愛玩，而且希望一直不停的玩，而且要玩得引起旁人注意，並讓大人出盡洋相。他淘氣、嘴饞、好吹牛、愛冒險的個性，讓他成為兒童嚮往的小超人，代表兒童被壓抑的狂野幻想。

選文

在溫暖晴朗的春天夜晚，史文森一家人常在客廳的壁爐旁喝咖啡。最小的弟弟——小傢伙，雖然不喜歡喝咖啡，但是很喜歡全家人一塊兒坐在生著火的壁爐前的溫馨時刻，此時爸媽會耐心的聽小傢伙說話。

然而，小傢伙今天無心和大家閒聊，因為他剛被卡爾松放鴿子。「小飛人卡爾松」是小傢伙住在屋頂的好朋友，每當小傢伙興匆匆想要介紹卡爾松給爸媽認識時，他就會突然消失得無影無蹤，所以他的家人都不相信真的有卡爾松這號人物。小傢伙一直惦記著卡爾松，突然，姊姊打斷他的沉思：「小傢伙，你想賺兩分五毛錢嗎？」

小傢伙斬釘截鐵的說：「兩分五毛錢太少了，我要五毛錢。」

姊姊狡猾的笑著說：「我的新朋友佩雷等一下要過來玩。只要你整個晚上都不跨進客廳，你就可以得到五毛錢。」以往，小傢伙常會弄巧成拙，把拜訪姊姊的好友嚇跑，所以姊姊這次下定決心要和他約法三章。全家人都打好如意算盤了——爸媽去看電影，哥哥去看足球賽，姊姊和好朋友就在客廳裡頭聊一整個晚上，只有小傢伙一個人，要被趕回自己的房間，不可以出來打擾姊姊。

「放心吧！」小傢伙說道。「我根本不想見你的朋友，只要不看見你們，我倒想付你們兩毛五分錢。」小傢伙嘟著嘴，進房間去了。

然而，小傢伙最後還是忍不住把房間打開一點點，姊姊和好友談心的嗡嗡聲從客廳傳來，他好奇的想偷聽她們在聊些什麼。正感到無聊的時候，他聽到了一陣奇妙的聲音，那是小馬達嗡嗡響的聲音，一轉眼功夫，啊！原來是卡爾松飛進屋子裡來。

「你好，小傢伙！」卡爾松輕鬆的問好。

「你幹麼溜走！我爸媽想認識你的時候，你卻不見了！害我解釋老半天，都沒人相信我。」

卡爾松雙手插腰，生氣的回應說：「我那時正要回去照料我的房子。我是一家之主，當然要關心我的房子，我哪兒錯了？你倒是說說看啊！」

「我以為你不回來了。」小傢伙怯生生的說。

「好了，小事情，沒什麼大不了。」卡爾松搖搖手，說道：「但如果我收到點什麼小禮物，或許會重新高興起來。」

小傢伙翻箱倒櫃找出他最寶貝的手電筒說：「這個怎麼樣？」卡爾松眼睛一亮，懷疑的問：「它點得著嗎？我在漆黑的夜晚回小屋時，把手電筒開亮，就不用再害怕黑暗，也不會在煙囪間迷路了。」卡爾松摸著手電筒。

「好，我覺得高興多了！把你的爸媽叫來吧，我們重新認識認識。」卡爾松說道。

「他們去看電影了，房間裡只剩姊姊和她的新朋友，她們坐在客廳裡談心，可是我發過誓，不能踏進客廳，讓她們看到我。」小傢伙可憐兮兮的回答。

「太過分了！」卡爾松叫起來。「我想到一個法子。我們披上被子，到客廳去看看姊姊的新朋友長什麼樣，反正我們看得到她們，但是她們看不到我們。就這麼辦！」

兩個小傢伙嘻嘻哈哈的頂著被子，像個帳篷般，手中拿著手電筒，溜進客廳去。

帳篷輕輕的進入客廳，慢慢的靠近姊姊和佩雷坐的沙發，一聲不響的來到旁邊，聽著姊姊和新朋友的對話。突然，卡爾松將手電筒開亮，照亮了佩雷的臉，姊姊驚叫一聲，他們卻發出哈哈大笑，飛快的向門廳衝去。

小傢伙和卡爾松跌跌撞撞的逃回小傢伙的房間，雖然摔了一跤，但在追過來的姊姊面前「啪」的一聲用力關上了門。

「不管怎樣，我沒讓你看見！」小傢伙從門裡面回答，兩個人的笑聲傳到姊姊的耳朵裡。

錦·囊·妙·計

一、為什麼爸媽不相信小傢伙真的有好朋友？

二、為什麼姊姊要給小傢伙兩分五毛錢？

三、小傢伙和小飛人卡爾松如何捉弄姐姐和佩雷？

隆中對策

一、如果你是小傢伙，當你知道姊姊的要求後有何感想？

二、如果你是姊姊，會怎麼處理小傢伙和小飛人卡爾松的搗蛋行為？

三、你認為小飛人卡爾松是個怎樣的人？為什麼你這麼認為？

●語文練功坊：句型練習

1.「雖然 ……但是……」

範例：小傢伙雖然不喜歡喝咖啡，但是很喜歡全家人一塊兒坐在生著火的壁爐前，聊天話家常。

2.「一邊……一邊……」

範例：傷心透頂的小傢伙一邊走回房間，一邊埋怨姊姊的無理要求。

◎牛刀小試

請運用下面兩個句型，描述家人相處的情景。

①「雖然 ……但是……」

……………………………………………………………………

……………………………………………………………………

②「一邊……一邊……」

……………………………………………………………………

……………………………………………………………………

漫畫

姊姊好過分，她的新朋友來家裡玩，卻不准我踏進客廳一步，嗚嗚嗚~~~
我有個好主意，我們去嚇嚇她們！她以後就不敢欺負你了。
哼！
嘿嘿嘿！
姊姊就在裡面了，準備衝進去嚇嚇她們！
鬼啊！！
嗯？
嗯？
呀~~~

豪小子夢想成眞——林書豪

想一想

俗話說：「機會是留給隨時準備好的人。」對於有興趣的活動，通常你會持之以恆的做，還是三分鐘熱度？當你熱愛某項活動，投入許多心血，希望能一展長才，可是卻苦無機會時，你會怎麼做？

請聽我說

林書豪畢業於美國名校哈佛大學。父母是臺灣彰化縣人，家中還有一位哥哥，兄弟兩人感情深厚。從小愛打籃球的他，夢想有一天可以進入美國職籃NBA。二〇一二年，二十三歲的他成為全球家喻戶曉的人物，不僅被美國《紐約時報》專訪報導，臺灣各大媒體更是爭相報導他的戰績，因而被封為「林來瘋」現象。他還榮登美國《時代雜誌》二〇一二年全球百大人物之首，同年休士頓火箭隊重金簽下他。

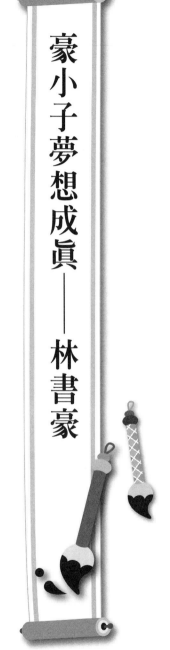

二〇一二年風靡全世界的「豪小子」林書豪，是目前歷史上唯一一位哈佛亞裔球員，然而在他成名之前，他曾被所有的NBA球隊拒絕簽約。二〇一〇年他在NBA選秀時落選，經歷多次失敗與挫折，跌落人生的低處時，曾經躲在被窩裡傷心哭泣，不斷向他所信仰的神禱告。縱使他經常坐冷板凳，沒有出場機會，但依然堅守他的夢想與目標，付出比別人更多的時間與心力，持續精進球技。

美國《紐約時報》指出，他今天的成就絕非偶然，在一次比賽中，當尼克隊重點球員傷兵累累，沒有控球後衛的緊急情況下，讓林書豪得以有上場發揮的機會。俗話說：「機會是留給隨時準備好的人。」他掌握時機，盡全力表現出最亮眼的佳績。林書豪與眾不同的決心，與展現出來的高昂鬥志、高智商，讓NBA球探和媒體眼睛一亮。林書豪掌握比賽的應變能力，充分表現在每次球賽中，他讓自己的球技、能力完全融入球隊，臨危不亂勇於突破，突破之後又能與隊員合作無間，出手時機掌握得很好，負責組織進攻和指揮隊友時表現冷靜，在球場上展現進攻得宜的智慧。

全家篤信基督教的林書豪，從小在父母的幫助下，學習到及早尋得自己生命的價值，引導他走上合適的道路，他的父母接納他的失敗，並繼續鼓勵他完成自己的夢想。林書豪的父母在孩子熱中於打籃球的這件事上學會放手，讓他能藉由上帝指引，追尋自己的夢想。從高中時期起，父母從未缺席任何一場球賽，一定親自到場加油並錄影，回家再進一步鑽研當時的表現以檢討改進。他的父母同樣擁有高學位，卻行事低調且謙虛，這樣的身教也深深影響林書豪。當他一舉成名天下知，在接受媒體採訪時，總是將榮耀歸於自己的團隊，因為他深知光環只是一時，與人相處保有平常心，才是長久的處世之道。當他謙遜而充滿自信的將榮耀歸給神時，他的隊友以及球迷更加崇拜、尊敬及熱愛他。

即便帶著運動巨星的光環，林書豪卻能同時關懷弱勢，他喜歡出席公益活動，會與他的隊友換上輕便運動衫與脫鞋，一起將社區的籃球架修好，幫助需要的家庭整建家園，修草做志工。隨著他的高人氣，許多廠商紛紛找他代言及拍廣告，但是林書豪認為目前最重要的事是打好球，不會迷失在名利的追逐中；他還希望以後不打球時，可以成為牧師幫助需要的人。人生有夢，築夢踏實，能不迷失在名利的光環中，堅持做自己真是不容易！

錦·囊·妙·計

一、當林書豪遭遇挫折時，他如何面對？

二、林書豪在球場上能屢創佳績的原因是什麼？

三、林書豪父母的教育對他有什麼影響？

隆中對策

一、當你遇到挫折時，你會怎麼做？你和林書豪的不同處是什麼？

二、你認為林書豪具備哪些特質，能讓他成功？

三、林書豪不打球時，會做公益和志工幫助有需要的人，你平常會如何關懷身邊弱勢的人？

●作文教室：故事架構分析

完整的故事架構，包含以下六項：

1.背景2.引發事件3.內在反應4.嘗試解決5.結果6.結局

一、背景	1.故事發生在哪裡？ 2.故事發生在什麼時候？ 3.誰是主角？ 4.主角的特徵？
二、引發事件	那裡（時）有什麼特別的事物使故事發生？
三、內在反應	1.主角對那件事的感覺或想法是什麼？ 2.主角設定的目標是什麼？ 3.有沒有什麼計劃？
四、嘗試解決	主角有什麼行動來達成目標？ 障礙一：（計畫一） 解決一：（努力一） 障礙二：（計畫二） 解決二：（努力二） 障礙三：（計畫三） 解決三：（努力三）
五、結果	行動的結果如何？
六、結局	1.主角對結果有什麼感受？ 2.主角得到（或失去）什麼？ 3.結果產生什麼影響？ 4.發生什麼和結果有關的事？

◎牛刀小試：

當你閱讀本篇故事時，試著以此表格分析故事，能幫助你未來在寫作時更得心應手。

漫畫

唉~這次又落選了……
神啊，求您為我預備前面的道路，希望我所打的每一場球都是為榮耀神而打。
我嗎？
你，對，快點準備上場。
林書豪，我愛你！
林書豪！
我愛你！
林書豪，我愛你！
我愛你！
林書豪！
我愛你！
林書豪，我愛你！

熱心助人賣菜阿嬤——陳樹菊

想一想

當人懷抱「人飢己飢，人溺己溺」的胸懷時，才能在別人有困難時，設身處地的為對方著想，做到真正的體貼。平常你遇到需要幫助的人時，會如何伸出援手？當你也處於危急的情況下，遇到需要幫助的人時，你又會如何應對？是等你有能力時才會幫助對方，或是不顧自身的幫助對方？

請聽我說

這是發生在臺灣臺東的真實助人故事，《自由時報》在二〇〇五年報導此人善舉後，低調的賣菜阿嬤陳樹菊才開始被關注。二〇一〇年陳樹菊榮登《時代雜誌》百大名人，受邀出席紐約林肯中心舉辦的頒獎典禮，馬英九總統親自電話恭賀，並且請外交部全程提供出國協助，她才肯出席盛會。

選文

在臺灣東部山明水秀的地方，有一位平凡卻也不平凡的賣菜阿嬤——陳樹菊，在她國小畢業那一年，母親因為難產過世，家境貧困的她從十三歲起便接下母親的菜攤，幫助父親一起拉拔四個弟弟及兩個妹妹長大，至今未婚。

陳樹菊每天清早起來批貨，全年無休在臺東中央市場賣菜，數十年如一日，一晃眼，已過了五十個年頭。中央市場的下午一片漆黑，因為大多數的攤販都已經休息了，不過陳樹菊仍獨自守著自己的菜攤，沒事就打個盹，遇到熟識的買菜民眾就閒聊幾句。她的生活重心除了賣菜就是存錢做善事，每天將賣菜所賺的三塊、五塊、十塊錢積攢下來，除了認養基督教阿尼色弗三名院童，近十年更捐贈佛光山學院、母校仁愛國小各一百萬元，九年前又捐四百五十萬元協助仁愛國小興建圖書館。捐贈圖書館是她的畢生夢想，因為小時候家裡貧窮，沒錢買書，希望透過這些捐贈，讓孩子們有好書可以看。」

陳樹菊的行善義舉，獲得美國《時代雜誌》評選為二〇一〇全球百大最具影響力人物，生性羞怯的她依舊忙著賣菜，還嫌記者採訪讓她少賣幾把菜。她的世界就是菜攤，沒想到，這個菜攤讓她聞名全世界。當記者持續追蹤她時，發現她的生活更加清貧，因為她懷抱助人的夢想更大了，她希望能存一千萬元成立基金會，讓窮人有飯吃、有錢看醫生。

陳樹菊生性單純謙虛，一生從未出國旅遊，原本無意出席《時代雜誌》的表揚餐會，她謙虛的說：「我覺得這是很平常的事情，我不知道這一點點小事會變成這樣。」但經馬英九總統親自致電鼓勵後，她才鼓起勇氣，決定搭機赴美。《時代雜誌》依照慣例，會請國際知名人士替每位受獎人撰寫簡介。李安導演在主筆的簡介中說，六十一歲的陳女士最令人津津樂道的不在於她的卓越非凡，而是她的樸實和樂善好施。李安引述陳女士談話：「錢，要給需要的人才有用。」李安又說：「陳女士並未陶醉在名氣之中，反而不願多談，或許這讓她的生活帶來困擾，她說：『這沒有什麼好說的，因為我又不是在參加什麼比賽，我真的沒有捐很多啦！』」

陳樹菊的偉大，不是來自《時代雜誌》的肯定，更不是來自政客的推崇，而是出自她那平凡中無私的奉獻。

錦·囊·妙·計

一、請說出陳樹菊阿嬤的生平。

二、陳樹菊阿嬤最大的心願是什麼？

三、陳樹菊阿嬤如何看待她成為《時代雜誌》百大名人的這件事？

隆中對策

一、你最佩服陳樹菊阿嬤的哪些地方？請從文中舉例。

二、當你做了善事卻沒有人知道時，你會難過嗎？為什麼？

三、請舉出你可以幫助別人的好行為，至少三項。

●作文教室：人物報導

一般在進行人物報導時，可就人、時、地、事、物依序說明，使描述更有條理。寫文章需重視前後呼應，能使文章頭尾意義連貫一氣呵成，不致虎頭蛇尾。

範例：

1.人物：陳樹菊 ／ 出生地：臺東 ／ 年齡：61歲 ／ 職業：菜販

善行：認養學童、捐贈圖書館

夢想：捐贈圖書館，讓孩子們有好書可以看

2.開頭：在臺灣東部山明水秀的地方，有一位平凡卻也不平凡的賣菜阿嬤——陳樹菊。

結尾：陳樹菊阿嬤的偉大，不是來自《時代雜誌》的肯定，更不是來自政客的推崇，而是出自她那平凡中無私的奉獻。

◎牛刀小試

請介紹身邊的平凡人物，並設計出文章相呼應的頭尾。

姓名：____________________ 出生地：____________________

年齡：____________________ 職業：____________________

善行：____

夢想：____

開頭：____

結尾：____

早啊！
新鮮的蔬菜
來買唷！
希望有一天能夠蓋一間大圖書館。
啊——
來去美國囉！
真是了不起！
啊！怎麼那麼多人！
好多大房子！
太偉大了。
哇！
令人感動！
啪！
啪！
啪！
啪！
這沒什麼啦！錢本來就是要給需要的人才有用。
啪！
啪！
啪！

二〇〇分哲學的麵包達人——吳寶春

想一想

俗語說：「吃得苦中苦，方為人上人。」當你有機會參加任何一項比賽，事前你會如何準備？請回想過去參加比賽或重要考試的經驗，並分享事前的準備過程及結果，並從中學習到什麼？

請聽我說

你有想過一個麵包也能揚名國際，為臺灣爭光嗎？麵包達人吳寶春家住屏東縣內埔鄉龍泉村，家中兄弟姊妹八人，他排行老么。十二歲時父親過世，由母親陳無嫌女士拉拔長大。他在高職就讀美工科時，有一次吃到鬆軟的墨西哥麵包，覺得很香，為了減輕母親負擔，便隻身前往臺北麵包店當學徒，做了多年學徒，吃了許多苦。二〇一〇年代表臺灣，參加首屆法國「麵包大師賽」，打敗七國選手，拿到歐式麵包組世界冠軍，成為家喻戶曉的麵包達人。

選文

揚名國際的「世界麵包達人」吳寶春，十二歲時父親過世，母親靠著種田、幫人採收水果，撫養八個小孩長大。小時候因為家貧，便當只有白飯，最多配上蘿蔔乾，他不願意被人知道，所以常常躲在樓梯間吃便當；除此之外，清瘦的身材也常受同學欺負，但他全都忍下來，因而培養他遭遇挫折時能逆來順受的個性。

吳寶春十七歲時離家到臺北學藝，二十五歲當上麵包師傅，新開幕的麵包店才三個月就因東西不好吃而宣布倒閉，但他不氣餒，再拜師、看書充實自己。三十歲那年，吳寶春參加東京烘焙食品展，走馬看花之際，兩位日本高中女生拿著切片的法國麵包走過，入口的麵包竟發出了「喀嚓」聲，他愣住了，心想：「這麼硬的麵包好吃嗎？」他一試吃發現：「好像烏龍茶會回甘一樣，麵包也會回甘，真是太不可思議了！」從法國麵包的聲音，吳寶春領略到麵包世界的廣大。

二○○六年，吳寶春受邀參加有「烘焙界奧林匹克」之譽的樂斯福世界麵包大賽，擊敗強勁對手，贏得臺灣區冠軍；隔年，再奪下亞洲盃第一名。二○○八年，他終於來到法國巴黎里爾的選手村，看著自己國家的國旗飄揚在世界麵包的殿堂，吳寶春久久不能自已。

吳寶春是如何做好參賽準備的呢？他曾積極請教世界冠軍級師傅菊谷先生，日本師傅強調：「練習時不是準備到一百分就好，要到一百五十分。比賽時，常因為壓力和緊張，使整體實力下降，若能練到一百五十分的實力，即使比賽當天表現大打折扣，也還有一百分的可能。」謙虛受教的吳寶春聽完後，以戒慎恐懼的心情，開始揣摩比賽時會發生的各種「狀況題」。例如：機器臨時出問題該怎麼辦？如果烤箱壞了該如何解決？麵粉牌子會不會不一樣？會場有沒有發酵箱？他不但把一般人意想不到的狀況羅列下來，研究解決之道，更思考著：如果連世界冠軍級師傅都自我要求一百五十分，那想要必勝的他，便自我要求在練習時，自動升級到「兩百分」的標準。以「兩百分」哲學，堅持做出獨一無二的麵包達人吳寶春，在面對不同比賽時，得以沉著應對，堅持到底，並和隊友展現高度默契。

在所有的麵包中，以「酒釀桂圓麵包」受到高度注意。吳寶春創作這款麵包的理念，是源自於對母親與故鄉土地思念之情。小時候家裡貧窮，但只要想起媽媽生前在冬天為他燉煮酒釀桂圓驅寒，就會讓他感到很幸福。二〇一一年研發的新產品「陳無嫌鳳梨酥」，更是以感念父母為出發，他說：「父母經年累月在鳳梨田辛苦工作，撫養我們兄弟姊妹長大。當時生活困難，晚餐桌上常常只有被淘汰不能賣的鳳梨配飯吃，當時很討厭這個味道，後來母親不在了，才想起這個味道。」

二〇一一年五月，吳寶春趕在母親節前夕，以母親為名成立「陳無嫌教育基金會」，希望幫助偏遠地區失學孩童。吳寶春語帶哽咽的說：「八年前，媽媽被救護車送到醫院，我跪在一旁，心中立誓一定要成功。八年後，我成功了，希望能夠用媽媽的名義回饋些什麼。」

人生有夢，築夢踏實。吳寶春的故事證明，英雄不怕出身低，做麵包也可做出有品質、有品味、有特色的好麵包。雖然技巧很重要，但態度更勝於一切。這位再平凡不過的麵包達人，激勵了許多年輕人奮發向上，也印證了「從困境中突圍而出」的臺灣精神與價值。

錦·囊·妙·計

一、麵包達人吳寶春年輕時經歷哪些挫折？

二、吳寶春在參加比賽前，是如何做準備的？

三、2011年5月吳寶春成立「陳無嫌教育基金會」的目的是什麼？

隆中對策

一、為什麼吳寶春在準備時，要求自己做到二〇〇分？

二、吳寶春的「酒釀桂圓麵包」和「陳無嫌鳳梨酥」的創作靈感各是來自於哪些童年回憶？為何要使用這些回憶創作麵包？

三、請說出你從吳寶春的故事中學到的三種人生哲學。

●語文練功坊：關聯句的運用

掌握關聯句，可提升閱讀與寫作能力，常用的六大句型：

1. 並列句：兩個或兩個以上的分句同時呈現，成為可以對照的複句。常用關聯詞有「一邊……，一邊……」、「有時……，有時……」等等。
2. 因果句：說明事物間因果關係的句子。常用關聯詞有「因為……，所以……」、「由於……，」等等。
3. 假設句：由假設推論結果的句子。常用關聯詞有「如果……就……」、「要是……就……」等等。
4. 轉折句：前後句子意思完全相反。常用關聯詞有「雖然……但是……」、「儘管……卻……」等等。
5. 條件句：由條件推論結果的兩個句子。常用關聯詞有「只要……，就……」、「除非……，才……」等等
6. 遞進句：程度逐漸加強的句子。常用關聯詞有「不僅……，更……，最後……」、「既可以……，又可以……」等等。

◎牛刀小試

請試著從故事中找出符合以上句型的段落。

①因果句：

………………………………………………………………………………

②轉折句：

………………………………………………………………………………

漫畫

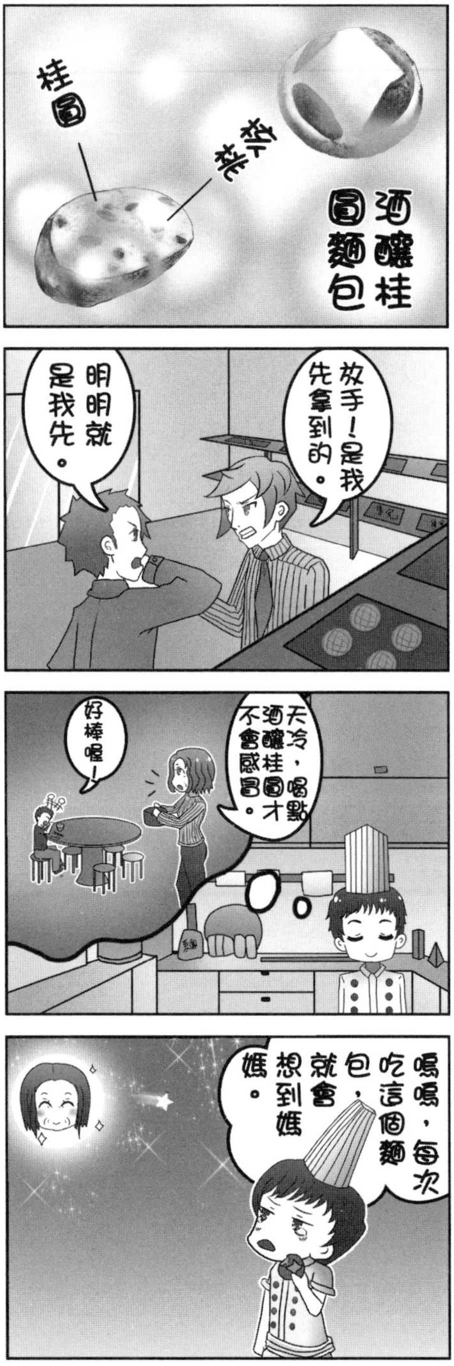
酒釀桂圓麵包
桂圓
核桃
放手！是我先拿到的。
明明就是我先。
天冷，喝點酒釀桂圓才不會感冒。
好棒喔！
嗚嗚，每次吃這個麵包，就會想到媽媽。

堅持走自己的路——古又文

想一想

《禮記．學記》說：「學然後知不足」是指學習之後，才知道自己的缺點和所欠缺的部分，這時應該徹底反省自己，精益求精，朝盡善盡美的夢想前進。然而在精進的過程中，因為要付出極大的努力和代價，很多人被挫折擊敗，而停止前進。唯有堅持到底的人，才能體會「十年寒窗無人問、一舉成名天下知」的喜悅。

請聽我說

二〇〇九年，三十歲的新生代時裝設計師古又文，在紐約奪得美國最大藝術設計機構「Gen Art」主辦的國際時裝設計競賽大獎，情不自禁高喊：「我來自臺灣！」古又文是臺灣土生土長的技職體系畢業生，也是臺灣適性教育下的成功案例，因為持續的精進與追求創新與完美，使他的作品屢獲國際大獎，成為國人的驕傲。

二○○九年，擊敗世界各地超過一千名的競爭者，在美國最大的國際服裝競賽拿下「前衛時裝大獎」的得獎者，就是臺灣土生土長的設計師——古又文。

一九七九年出生於臺北市的古又文，父親在他三歲那年意外身亡。家中曾是低收入戶，親戚朋友們因為擔心借款會討不回來，所以常到家裡要錢，讓他們心生恐懼，從小看盡世間冷暖。親戚們也認為，他的母親唯有改嫁才能養活孩子，但堅毅不拔、刻苦耐勞的母親，早晨當清潔工，傍晚到富太太家幫傭，獨力用雙手撫養三個孩子長大成人。

古又文的求學經歷相當辛苦，國中時的成績不錯，但當大家一窩蜂的準備考第一志願時，基於興趣和家計考量，他決定報考松山商職商業設計科。進入高職後，他才第一次拿起畫筆，從最基礎的素描學起，雖然商業設計科的功課繁重，卻是全新的學習，他一頭栽進學習的大海，興奮遨遊。學然後知不足，因為創作上的需要，他走上技職體系，在專業、學歷、語言上持續精進，先後畢業於樹德科技大學流行設計系、臺北輔仁大學織品服裝研究所。直至今天，十五歲那年的決定，他認為是自己一生中最勇敢，也最快樂的選擇。

求學路上有幸遇到良師成為他生命中的貴人，專業引導恩師邱鳳梓與心靈導師劉幼嫻，總像個母親般，再三叮嚀他做人處事的道理。老師眼中的古又文，是個「尋找機會、永不放棄」的大男孩，隨時在幫助自己成長。為了讓自己有機會站上國際舞臺，即使沒有錢補習英文，但透過參加三個英文讀書會加強英語能力，如今面對國外媒體也能侃侃而談。申請英國倫敦藝術大學時，也是馬不停蹄蒐集資訊，掌握脈絡，終獲英國商務協會獎學金，進入英國倫敦藝術大學中央的聖馬汀藝術與設計學院服裝設計進修碩士。

二〇〇九年底，三十歲的古又文以就讀大學研究所時，利用特殊毛線編織和堆疊手法，展現出雕塑立體感的作品〈情緒雕塑〉重新送件，從全球上千件競爭作品中脫穎而出，勇奪表揚設計師創意的「前衛時裝大獎」，被臺灣媒體稱為「臺灣之光」。

但很少人知道，古又文得到大獎的〈情緒雕塑〉系列，曾經在紡拓會新人獎得過第三名，大學時期也參加過兩次比賽，卻連入圍都沒有。當時的失敗沒有讓他失去信心，反而讓他理性的分析，找出每次比賽失利的原因，於是整整用了一年的時間來準備此次比賽。機會永遠是留給準備好的人，因為精益求精，所以他有嶄露頭角機會。

得獎後，他於二〇一〇年成立公司，發展自創服裝品牌；他也是第一位作品進入臺北市立美術館展覽的臺灣服裝設計師。作品〈再雕塑〉與〈情緒雕塑〉系列，被選入英國針織服裝教科書，成為英國針織服裝教學範本。

古又文知道自己的興趣和專長，在母親的鼓勵下，一路堅持設計興趣，苦學進修，求學期間的每次作業，都當作是要參加國際大賽，自我要求完美，以此激發自己的潛能。除了擁有天賦，也因為不怕吃苦，從平面設計轉到織品、服裝設計，一次次自我挑戰。他認為努力的人，就有機會。因為對自己創作上的堅持與追求創新突破，所以締造了生命的奇蹟！

錦．囊．妙．計

一、請介紹古又文的求學經歷？

二、從故事中，你認為影響古又文成功的是哪些人？

三、古又文的〈情緒雕塑〉系列經歷過哪些轉折，才榮獲「前衛時裝大獎」？

隆中對策

一、古又文放棄報考第一志願的理由是什麼？

二、你認為古又文有哪些特質是值得你學習的？

三、古又文為了站上國際舞臺做了哪些努力？

●作文教室：描寫人物的記敘文

記敘文可分為寫人、狀物、敘事（遊記）、記景四種類別。寫人是記錄真人真事，並加上表達思想感情的文章。其四要素包括：1.人物2.時間3.地點4.事件（原因→經過→結果）。

◎牛刀小試

請試著整理古又文從小到大遭遇各種困境時的心情轉折。

事件	心情感受與轉折
1.父親過世	
2. 15歲時決定讀高職	
3.輔大參賽失利	
4.作品榮獲國際大賽	

漫畫

15歲時
松山商職學院
我不想考建中，創作才是我想要的。
25歲時
連兩次比賽都沒有入圍，我一定要好好修改。
30歲時
古又文勇奪美國最大的國際服裝競賽「Gen Art前衛時裝獎」
媽，妳看到了嗎？我終於贏了！

大重點．小整理

篇名	打虎親兄弟	浪子回頭
導讀重點	當人與人之間發生利益衝突時，仍要珍惜手足之情。	父母對子女的愛是無怨無悔的，迷途知返的浪子在人生谷底才發現父親那無條件的愛。
閱讀提問	1. 請問二哥和三弟兩人如何合作打老虎？ 2. 三弟的妻子為何要搬弄是非？她是怎樣盤算的？ 3. 當三弟陷入危險時，大哥與二哥是如何合作，從危急中救回三弟的？ 1. 你覺得本故事和「兄弟鬩牆，外禦其務」的意思有何異同？ 2. 如果你是二哥夫婦，碰到像三弟妻子這樣的妯娌，你會如何回應？ 3. 如果有人不明就裡的向你的家人挑釁，你會和兄弟姊妹聯手對抗嗎？	1. 小兒子如何說服父親平分家產？後果又是如何？ 2. 當大兒子知道弟弟回來後，為何會感到生氣？ 3. 父親慶賀小兒子歸來的理由是什麼？ 1. 你覺得文中的父親比較疼誰？為什麼？ 2. 如果你是文中的父親，面對揮霍家產的兒子你會怎麼做？為什麼？ 3. 你認為本文的主旨是什麼？
閱讀層次	直接提取與推論 詮釋整合	直接提取與推論 詮釋整合 比較評估
寫作層次	成語練習	順敘法
寫作練習	「虎口餘生」是比喻經歷大難而未死，相似的成語有「九死一生」、「劫後餘生」。這三個成語看起來相似，卻有不同的用法，「九死一生」比喻極危險的境遇，「劫後餘生」是指歷經災難後存留下來的人。 範例： 1. 那段「虎口餘生」的經歷，想起來真是令人毛骨悚然！ 2. 九二一大地震後，他是村裡唯一「劫後餘生」的人。 3. 經過「九死一生」的探險經歷後，他再也不願意隻身去冒險了。	本文是依事件發生順序鋪陳而成的故事，採順敘法。故事結構有開頭、經過、轉折、結局。 開頭——小兒子要求分家產。 經過——①揮霍無度，花光所有錢財。 ②碰到饑荒沒有食物吃，又生病，窮苦潦倒。 轉折——小兒子決定回家請求父親原諒，只希望被僱用當長工，有飯吃。 結局——父親不僅原諒他，還歡喜慶賀小兒子失而復得。

大重點．小整理

篇名	兩隻大熊	媳婦路得與婆婆拿俄米
導讀重點	在遼闊無人煙的大森林裡生存不易，需要相互扶持和具備與危險對抗的智慧與勇氣。	自古婆媳相處就有很多困難，當彼此願意為對方著想時，會發生不一樣的結果。
閱讀提問	1. 媽媽在牛舍裡看見熊的反應是什麼？ 2. 當森林中的小木屋少了爸爸時，羅蘭的媽媽如何保護家人？ 3. 爸爸去城市市集，為什麼當晚沒有回家？	1. 拿俄米為什麼要兩個兒媳婦改嫁？ 2. 媳婦俄珥巴和路得聽到婆婆要她們改嫁時，反應各是什麼？ 3. 波阿斯聽完路得撿拾麥穗的原因後，為什麼受到感動？
	1. 請比較爸爸和媽媽在面對大熊時，是如何應對的？為什麼會有不同的反應？ 2. 如果你是羅蘭的媽媽，在遇到相同的情況下，你會如何保護家人？ 3. 羅蘭聽完爸爸的驚險故事，為什麼要緊緊抱住爸爸？	1. 看完故事後，你認為路得有什麼值得我們學習的好品德？ 2. 如果你是拿俄米的媳婦，聽到婆婆要你改嫁時，會做何反應？ 3. 為什麼拿俄米要路得躺在波阿斯的身旁睡覺？如果你是路得，你會照做嗎？
閱讀層次	直接提取與推論 詮釋整合	直接提取與推論 詮釋整合
寫作層次	排比法	文章開頭
寫作練習	把三個以上結構相同、語氣一致的詞語、句子或是段落，排列在一起，藉以增加文章力量，讓句子充滿變化的美感，令讀者印象深刻，這就是「排比法」。 範例： 1. 我心跳加快、頭皮發麻、四肢無力，但仍然強作鎮定，停下腳步站定。 2. 大自然中流動的溪泉、喧鬧的瀑布、跳躍的溪鳥，都在在讓我感受到溪谷間隱藏著迷人的生命力。	我們常利用感嘆句與設問句作為文章開頭，使得文章生動活潑。 範例： 1. 點心有各式各樣不同的種類，在我心中，冰淇淋可是排名第一的甜點呢！到底冰淇淋有什麼魔力，讓我這麼喜愛它呢？ 2. 自古以來，婆媳相處問題多，家家有本難念的經，在我所知道的聖經故事中，路得可是無人不知的孝順媳婦喔！路得是誰呢？為什麼《聖經》的書卷還以她的名字命名呢？

大重點．小整理

篇名	俞伯牙破琴	管鮑之交
導讀重點	生命中知音難尋，更要珍惜得之不易的知己。	相知、相交、相互體諒與扶持，乃是朋友相處之道。
閱讀提問	1. 俞伯牙的老師帶他到蓬萊島上做什麼？俞伯牙體會到什麼事？ 2. 鍾子期為什麼是俞伯牙的知音？ 3. 鍾子期過世後，俞伯牙為什麼把琴摔碎呢？ 1. 你有知音嗎？他為什麼成為你的知音？ 2. 你認為要成為別人的知音有什麼條件？ 3. 俞伯牙知道鍾子期過世後，除了摔碎琴外，還能做什麼？如果是你，你又會如何做？	1. 鮑叔牙和管仲一起做生意和打仗，寧可讓自己吃虧的原因是什麼？ 2. 管仲被處死刑時，鮑叔牙為什麼要出面勸齊桓公留下管仲？ 3. 鮑叔牙向齊桓公辭官還鄉的最大理由是什麼？ 1. 如果你是鮑叔牙，碰到像管仲這樣的朋友，你會怎麼做？ 2. 鮑叔牙和管仲的為人處世，你比較欣賞哪一位？為什麼？ 3. 如果你是齊桓公，面對曾對自己痛下殺手的管仲，你會怎麼做？
閱讀層次	直接提取與推論 詮釋整合	直接提取 比較評估
寫作層次	成語練習	成語練習
寫作練習	寫作時，透過成語可使文章更精練，大部分的成語都有典故出處，下面是與音樂相關的成語。 範例： 1. 高山流水：比喻知己或知音，也比喻優美的音樂。 2. 陽關三疊：本為曲調名，為餞別時所唱的歌，比喻離別。	認識和朋友相關的成語： 忘年之交、總角之交、點頭之交、莫逆之交、刎頸之交、患難之交、金石之交、管鮑之交、杵臼之交、割席之交、破琴絕弦。

大重點・小整理

篇名	桃園三結義	荀巨伯訪友
導讀重點	每個人個性都不相同，有機會結拜為兄弟，應看重彼此情誼，患難相助。	朋友有難要義氣相挺，不可臨陣逃脫。
閱讀提問	1. 劉備是哪裡人？個性如何？長相如何？ 2. 關羽答應要為曹操效勞時，提出哪三個條件？ 3. 曹操從什麼地方看出關羽對劉備有情有義？ 1. 關羽、劉備和張飛三人中，你最喜歡哪一位？為什麼？ 2. 如果你是曹操，你會答應關羽投降時所提的條件嗎？為什麼？ 3. 這篇故事的主旨是什麼？	1. 荀巨伯為他的朋友做了什麼？ 2. 胡兵為何不殺荀巨伯？ 3. 你平常怎樣表達對朋友的關心？ 1. 當你的朋友被霸凌時，你會怎麼做？ 2. 你認為荀巨伯是個怎樣的人？為什麼你會這樣認為，請從文中找證據說明。 3. 請舉例說明朋友間義氣相挺的行為。
閱讀層次	直接提取與推論 詮釋整合 比較評估	直接提取與推論 詮釋整合 比較評估
寫作層次	白描法	成語典故
寫作練習	白描法即是不加雕飾，不用典故，對於一件東西，用文字仔細描繪。可先把所要描述的內容分隔幾段，例如：從辨析聲音、動作、形態、味道、顏色、情感等方面下手，分別訓練，加強表達能力。 範例：以媽媽為題材，列出幾道題目來觀察。 1.媽媽的手：媽媽的手比我的手大，媽媽的手會做很多事：會煮飯、會洗衣、會幫我穿鞋子。2.媽媽煮的菜3.媽媽喜歡的顏色4.媽媽常帶我去哪裡玩5.媽媽最常說的話…… 最後，綜合以上資料，完成〈我的媽媽〉，就是從小處入手的寫作訓練。	《世說新語》的故事情節，部分亦成為我們常常看到的成語和典故。下列列舉成語均出自《世說新語》。 付諸洪喬：比喻書信遺失。 望梅止渴：比喻用空想來安慰自己。 一往情深：指人情感深厚、真摯，一旦投入，始終不改。 東床快婿：比喻女婿。 小時了了：人在幼年時聰明敏捷，表現優良，長大之後未必能有所成就。

大重點．小整理

篇名	大衛和約拿單的友情	達蒙和皮斯阿司
導讀重點	在親情與友情之間的抉擇是兩難的，友誼經過考驗還能繼續維持才是真友誼。	偉大信任產生在偉大的友誼上，真誠與信任乃是友誼之基石。
閱讀提問	1. 大衛是如何擊敗巨人歌利亞的？他為什麼有能力成功？ 2. 掃羅王一開始喜歡大衛，為什麼後來要置他於死地？ 3. 約拿單如何幫助大衛逃亡？ 1. 如果你是約拿單，你會背叛自己的父親而幫助大衛逃亡嗎？為什麼？ 2. 你認為約拿單是個怎樣的人？他如何知道父親真的要置大衛於死地？ 3. 你有像大衛和約拿單之間這樣的友情嗎？請分享故事給好友聽。	1. 皮斯阿司向國王提出回家拜別母親的理由是什麼？ 2. 當圍觀的人群認為皮斯阿司出賣朋友時，達蒙心中怎麼想？ 3. 皮斯阿司在緊要時刻出現了，他碰到了什麼災難？他又如何克服？ 1. 你認為皮斯阿司是個怎樣的人？請從文中舉出兩個例子證明你的論點。 2. 你認為達蒙是個怎樣的人？請從文中舉出兩個例子證明你的論點。 3. 如果你是達蒙，你會為朋友慷慨赴義嗎？為什麼？
閱讀層次	直接推論 比較評估	直接提取與推論 詮釋整合 比較評估
寫作層次	人物描寫	擬訂記敘文大綱三法
寫作練習	描寫人物最常犯的缺點是缺乏具體描寫。 範例：「我的媽媽很偉大，而且很辛苦」，需將媽媽的辛苦具體化，才能使文句深刻動人。 媽媽很辛苦，每天一下班，總是在第一時間衝到學校，接回讀幼稚園的弟弟。之後，再趕回家做晚飯；吃完飯又要收拾杯盤狼藉的餐桌。當我在寫功課時，她又要說故事給弟弟聽。等我們睡覺了，她還要洗全家人的衣服，一刻也不得休息。	擬定記敘文的大綱可以分三種方式： 1. 按時間先後訂大綱：例如：四季之美可從春、夏、秋、冬依序訂定。 2. 以事情過程訂大綱：按照事情發生的「原因」、「經過」、「結果」次第進行。 3. 以重點前置法訂大綱：可從最精采的地方下筆。例如：寫風景從最漂亮的地方開始寫起，再鋪陳其他的景色。

大重點．小整理

篇名	紅髮安妮	柳林中的風聲
導讀重點	友誼透過主動分享，幫助朋友築夢踏實。	每個人都有不同個性，好朋友在一起可以互相分享、互相提醒，幫助對方朝向更美好的品行。
閱讀提問	1. 馬修去車站做什麼？當他發現領養的孩子不是他們所期待的男孩時，他如何處理？ 2. 請試著描述安妮的外型和個性。 3. 分隔兩地的安妮和戴安娜是如何傳遞信號的？ 1. 安妮決定留在家鄉任教的理由是什麼？ 2. 如果初次見面的人請求你和他做永遠的朋友，你會答應嗎？為什麼？ 3. 你喜歡安妮嗎？請說出至少三個理由。	1. 請介紹書中四個主角：鼴鼠、水鼠、獾和蛤蟆的個性。 2. 鼴鼠為什麼要趁水鼠不注意時，搶過槳來划船？結果如何？ 3. 你羨慕鼴鼠與水鼠之間的友誼嗎？為什麼？ 1. 請描述蛤蟆新吉普賽篷車內的布置，你認為還可以增加什麼？你的理由是什麼？ 2. 如果你有像蛤蟆這樣個性的朋友，你會怎麼做？ 3. 在你所有的朋友中，哪種特質或個性的朋友是你最難接受的？你會怎麼和對方相處？
閱讀層次	直接提取與推論 詮釋整合	直接提取與推論 評論
寫作層次	擴寫句子	修辭法運用
寫作練習	試著在主要句子中加入時間、地點、場景、人物描寫等細節描寫，可以增加事件的生動性和豐富感，不失為練習作文的一大妙法。 1. 原句 2. 原句＋場景 3. 原句＋場景＋人物摹寫	《柳林中的風聲》為了讓表達更生動、想像更豐富，將森林裡的動物當作人來描述，使牠們具有像人類一樣的動作或情感的手法，就稱作「擬人法」。 除此之外，本篇故事還使用了許多修辭法： 1. 類疊法 2. 感嘆法

大重點．小整理

篇名	妙點子	卡爾松玩帳篷遊戲
導讀重點	冒險是很刺激的，當危急當頭需要團結合作，才能化險為夷。	當你獨自一個人時，需要學會面對無聊與孤單，並找出消遣之道，當然也可使生活中充滿挑戰和樂趣。
閱讀提問	1. 詹姆士和哪些夥伴一起去旅行？ 2. 旅行途中發生什麼事？ 3. 當大家意見相左時，詹姆士提出什麼方法解決難題？ 1. 請說出故事中六種昆蟲的生物特性？ 2. 這七個人如何分工合作，脫離險境？ 3. 如果你是蚯蚓，面對詹姆士請你去當誘餌的請求，你會答應嗎？	1. 為什麼爸媽不相信小傢伙真的有好朋友？ 2. 為什麼姊姊要給小傢伙兩分五毛錢？ 3. 小傢伙和小飛人卡爾松如何捉弄姐姐和佩雷？ 1. 如果你是小傢伙，當你知道姊姊的要求後有何感想？ 2. 如果你是姊姊，會怎麼處理小傢伙和小飛人卡爾松的搗蛋行為？ 3. 你認為小飛人卡爾松是個怎樣的人？為什麼你這麼認為？
閱讀層次	直接提取與推論	直接提取與推論 評論
寫作層次	善用觀察	句型練習
寫作練習	觀察是關懷的首要行為，學習觀察，等於學習關懷，才能真正了解他人的需求和心理。觀察事物有兩項基本原則： 1. 觀察目的： 觀察是為了讓自己學習得更多，而且使自己在說話和寫作時都言之有物。 2. 觀察方向： 在不危險的前提下，利用感官去仔細觀察事物的外觀、氣味、觸覺，乃至於不同時間的變化，和有什麼特性等各方面。	句型練習 1.「雖然……但是……」 範例：小傢伙雖然不喜歡喝咖啡，但是很喜歡全家人一塊兒坐在生著火的壁爐前，聊天話家常。 2.「一邊……一邊……」 範例：傷心透頂的小傢伙一邊走回房間，一邊埋怨姊姊的無理要求。

大重點・小整理

篇名	豪小子夢想成真——林書豪	熱心助人賣菜阿嬤——陳樹菊
導讀重點	人生有夢，築夢踏實，成功永遠屬於堅持到底並隨時準備好的人。	平凡的升斗小民，只要有一顆助人的心，便可幫助他人達成夢想。
閱讀提問	1.當林書豪遭遇挫折時，他如何面對？ 2.林書豪在球場上能屢創佳績的原因是什麼？ 3.林書豪父母的教育對他有什麼影響？ 1.當你遇到挫折時，你會怎麼做？你和林書豪的不同處是什麼？ 2.你認為林書豪具備哪些特質，能讓他成功？ 3.林書豪不打球時，會做公益和志工幫助有需要的人，你平常會如何關懷身邊弱勢的人？	1.請說出陳樹菊阿嬤的生平。 2.陳樹菊阿嬤最大的心願是什麼？ 3.陳樹菊阿嬤如何看待她成為《時代雜誌》百大名人的這件事？ 1.你最佩服陳樹菊阿嬤的哪些地方？請從文中舉例。 2.當你做了善事卻沒有人知道時，你會難過嗎？為什麼？ 3.請舉出你可以幫助別人的好行為，至少三項。
閱讀層次	直接提取與推論 詮釋整合 比較評估	直接提取與推論 詮釋整合
寫作層次	故事架構分析	人物報導
寫作練習	完整的故事架構，包含以下六項： 1.背景 2.引發事件 3.內在反應 4.嘗試解決 5.結果 6.結局	一般在進行人物報導時，可就人、時、地、事、物依序說明，使描述更有條理。寫文章需重視前後呼應，能使文章頭尾意義連貫一氣呵成，不致虎頭蛇尾。 範例： 1.人物：陳樹菊／出生地：臺東 年齡：61歲／職業：菜販 善行：認養學童、捐贈圖書館 夢想：捐贈圖書館，讓孩子們有好書可以看 2.開頭：在臺灣東部山明水秀的地方，有一位平凡卻也不平凡的賣菜阿嬤——陳樹菊。 結尾：陳樹菊阿嬤的偉大，不是來自《時代雜誌》的肯定，更不是來自政客的推崇，而是出自她那平凡中無私的奉獻。

大重點・小整理

篇名	二〇〇分哲學的麵包達人——吳寶春	堅持走自己的路——古又文
導讀重點	吃得苦中苦，方為人上人。任何事能做到200分的準備，才可能得到完美的100分。	人透過學習，知道自己的不足，然後反省改進，唯有堅持到底的人才能獲得成功。
閱讀提問	1. 麵包達人吳寶春年輕時經歷哪些挫折？ 2. 吳寶春在參加比賽前，是如何做準備的？ 3. 二〇一一年五月吳寶春成立「陳無嫌教育基金會」的目的是什麼？ 1. 為什麼吳寶春在準備時，要求自己做到二〇〇分？ 2. 吳寶春的「酒釀桂圓麵包」和「陳無嫌鳳梨酥」的創作靈感各是來自於哪些童年回憶？為何要使用這些回憶創作麵包？ 3. 請說出你從吳寶春的故事中學到的三種人生哲學。	1. 請介紹古又文的求學經歷？ 2. 從故事中，你認為影響古又文成功的是哪些人？ 3. 古又文的〈情緒雕塑〉系列經歷過哪些轉折，才榮獲「前衛時裝大獎」？ 1. 古又文放棄報考第一志願的理由是什麼？ 2. 你認為古又文有哪些特質是值得你學習的？ 3. 古又文為了站上國際舞臺做了哪些努力？
閱讀層次	直接提取與推論	直接提取 詮釋整合
寫作層次	關聯句的運用	描寫人物的記敘文
寫作練習	掌握關聯句，可提升閱讀與寫作能力，常用的六大句型： 1. 並列句 2. 因果句 3. 假設句 4. 轉折句 5. 條件句 6. 遞進句	記敘文可分為寫人、狀物、敘事（遊記）、記景四種類別。寫人是記錄真人真事，並加上表達思想感情的文章。其四要素包括： 1. 人物 2. 時間 3. 地點 4. 事件（原因→經過→結果）

認識這本書的編著者

吳淑芳

國立臺灣師範大學社會教育研究所（四十學分班）、國立臺北師範學院輔導教學碩士。九十二～九十九年期間曾任新北市國民教育國語文輔導團召集人。現任：新北市新店區新店國小校長、新北市提升國小學生國語文能力教師增能組召集人、國立臺北教育大學兼任講師。

吳惠花

國立臺北教育大學語文與創作教學碩士。曾任新北市國語文輔導團專任輔導員、國立臺北教育大學作文師培中心講師、國立編譯館國語文國小教科書審查委員（二〇〇六～二〇一〇）、教育部國語文領域課程與教學諮詢教師。現任：新北市鄧公國小主任、備用校長。

忻詩婷

國立新竹師範學院語文教育系、臺北市立教育大學應用語言文學研究所碩士肄業。曾任新北市國民教育國語文輔導團深耕輔導員。現任：新北市永和區頂溪國小總務主任。

認識這本書的漫畫家

古氏

從小喜歡漫畫，最初接觸的漫畫是《哆啦A夢》。漫畫之所以動人，不僅是題材多元，就算語言不通，也能透過看圖說故事，了解作者想要傳達的意念。因而在求學過程中，每當上課到無聊之際，便會開始塗鴉，因而就這樣愛上了畫圖，真是個很奇妙的過程。

中小學生學習書

中小學生必讀的溫暖故事

2013年4月初版 定價：新臺幣220元

編 著	吳淑芳	
	吳惠花	
	忻詩婷	
繪 者	古氏	
發行人	林載爵	

出版者	聯經出版事業股份有限公司	叢書主編	黃惠鈴
地址	台北市基隆路一段180號4樓	叢書編輯	張倍菁
編輯部地址	台北市基隆路一段180號4樓	整體設計	蕭玉蘋
叢書主編電話	(02)87876242轉213	校對	趙蓓芬
台北聯經書房	台北市新生南路三段94號		
電話	(02)23620308		
台中分公司	台中市北區健行路321號1樓		
暨門市電話	(04)22371234ext.5		
郵政劃撥帳戶第0100559-3號			
郵撥電話	(02)23620308		
印刷者	世和印製企業有限公司		
總經銷	聯合發行股份有限公司		
發行所	新北市新店區寶橋路235巷6弄6號2樓		
電話	(02)29178022		

行政院新聞局出版事業登記證局版臺業字第0130號

本書如有缺頁，破損，倒裝請寄回台北聯經書房更換。 ISBN 978-957-08-4164-0 (平裝)

聯經網址： www.linkingbooks.com.tw

電子信箱：linking@udngroup.com

國家圖書館出版品預行編目資料

中小學生必讀的溫暖故事/吳淑芳、吳惠花、
忻詩婷編著．初版．臺北市．聯經．2013年4月
（民102年）．184面．17×23公分（中小學生學習書）
ISBN 978-957-08-4164-0（平裝）

1.生命教育 2.中小學教育 3.兒童讀物 4.青少年讀物

523.35 102005735